¡De una vez!

Student Activities Manual / Cuaderno de actividades

¡De una vez!

Student Activities Manual / Cuaderno de actividades

Fabián Samaniego
University of California, Davis, Emeritus

Francisco Rodríguez
Santa Barbara City College

Nelson Rojas
University of Nevada, Reno

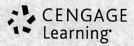
CENGAGE
Learning·

Australia · Brazil · Japan · Korea · Mexico · Singapore · Spain · United Kingdom · United States

CENGAGE
Learning·

¡De una vez!
Student Activities Manual / Cuaderno de actividades
Fabián Samaniego, Francisco Rodríguez and Nelson Rojas

Publisher: Rolando Hernández

Senior Sponsoring Editor: Glenn A. Wilson

Executive Marketing Director:
    Eileen Bernadette Moran

Marketing Assistant: Lorreen Ruth Pelletier

Development Editor: Erin Kern

Editorial Assistant: Erin Beasley

Project Editor: Amy Johnson

For product information and technology assistance, contact us at
Cengage Learning Customer & Sales Support, 1-800-354-9706
For permission to use material from this text or product,
submit all requests online at **www.cengage.com/permissions**
Further permissions questions can be e-mailed to
permissionrequest@cengage.com

ISBN-13: 978-0-618-34895-4

ISBN-10: 0-618-34895-6

Cengage Learning
5191 Natorp Boulevard
Mason, OH 45040
USA

Cengage Learning is a leading provider of customized learning solutions with office locations around the globe, including Singapore, the United Kingdom, Australia, Mexico, Brazil, and Japan. Locate your local office at **www.cengage.com/global**

Cengage Learning products are represented in Canada by Nelson Education, Ltd.

To learn more about Cengage Learning, visit **www.cengage.com**

Purchase any of our products at your local college store or at our preferred online store **www.cengagebrain.com**

Printed in the United States of America
3 4 5 6 7   21 20 19 18 17

Índice

Preface

This *Cuaderno de actividades* is meant to enhance your understanding of the material presented in the textbook for *¡De una vez!* and provide additional practice on the topics and themes you learned about in each chapter. It is also designed to expand on areas that tend to be particularly challenging for native speakers of Spanish, such as certain aspects of spelling and accentuation, by offering additional information tied in with follow-up activities targeting those areas. Following is a brief description of each section in order to help you get the most out of using this workbook.

Organization of the *Cuaderno de actividades*

Each chapter of this *Cuaderno de actividades* is divided into two major sections: **¡Voces del mundo hispano!** and **¡A comunicar! en el mundo hispano:**

- *¡Voces del mundo hispano!* provides further exploration and practice of the cultural themes to which you were introduced in the textbook. The section starts off with two listening-based activities: the first (*Riqueza cultural*) introduces you to another important person from the Hispanic community highlighted in that chapter, and the second (*Riqueza lingüística*) asks you to explore a linguistic theme also tied to that community. Next, the *Acentuación y ortografía* section presents information and practice on rules of accentuation and spelling that are targeted specifically to US-based Spanish speakers. These activities include listening activities to help you hone your spelling skills and practice using accents according to what you hear. This includes one dictation (*Dictado*) per chapter, in which you write a paragraph exactly as you hear it read.

- *¡A comunicar! en el mundo hispano* is dedicated to the practice of the language concepts presented in that chapter of the textbook. In the first section, *Gramática*, there are several activities based, in sequence, on each grammar topic from the textbook chapter. The following section, *Variantes coloquiales*, helps you learn about linguistic variations in different Spanish-speaking communities and challenges you to convert examples of these into a more widely spoken form of Spanish so that you can be ready to do so when the context demands it. Next, *Vocabulario activo* provides practice of the vocabulary you learned in the *Hablemos de carreras...* section of the textbook. Following that (in Chapters 1-6 only) is *Lengua en uso*, a combination of presentation and practice reviewing important grammatical concepts. Lastly, the *Cyberjournal* writing activity asks you to think deeply and then write on a given theme. Check with your instructor on the format in which he or she likes to receive it; some will have you send your composition to them via email, while others may want to set up a virtual forum. These are designed to not be corrected and graded, unless you expressly ask your professor to do so, with the idea that you will be working to develop your writing skills in Spanish in a low-pressure environment.

We hope that you will use this workbook, as well as the Online Study Center, often; by providing you with an integrated and interactive learning experience, they will help you make the most of your out-of-class time and overall, to benefit from the *¡De una vez!* program to the fullest.

Capítulo preliminar
El mundo hispanohablante

¡Voces del mundo hispano!

A. Riqueza cultural: Los hispanos en los Estados Unidos. Ahora vas a tener la oportunidad de escuchar una grabación de la lectura de la lección preliminar del texto: "Los hispanos en los Estados Unidos". Escucha con atención y luego marca si cada oración que sigue es cierta (**C**) o falsa (**F**). Si es falsa, corrígela.

C F 1. Los puertorriqueños forman el grupo más grande de hispanos en los EE.UU.

_____

C F 2. El mayor número de puertorriqueños vive en Nueva York.

_____

C F 3. Los dominicanos, el tercer grupo más grande de hispanos en los EE.UU., se concentran en Miami.

_____

C F 4. En la década de los 90 llegó una gran concentración de inmigrantes nicaragüenses, salvadoreños y guatemaltecos.

_____

C F 5. En Miami se establecieron grandes comunidades de exiliados salvadoreños y guatemaltecos y en Los Ángeles una gran comunidad de nicaragüenses.

_____

Ortografía

B. Alfabeto. Escucha el alfabeto en español y repite cada letra después de escucharla.

a	a	**j**	jota	**r**	erre
b	be, be larga	**k**	ka	**s**	ese
c	ce	**l**	ele	**t**	te
ch	che	**ll**	elle	**u**	u
d	de	**m**	eme	**v**	ve, ve corta, uve
e	e	**n**	ene	**w**	doble ve, uve doble, doble u
f	efe	**ñ**	eñe	**x**	equis
g	ge	**o**	o	**y**	i griega, ye
h	hache	**p**	pe	**z**	zeta
i	i	**q**	cu		

C. Deletreo. Ahora vas a ecuchar algunas palabras que se van a deletrear. Escríbelas al escucharlas. Cada palabra se deletreará dos veces.

1. _____

2. _____

3. _____

4. _____

5. _____

6. _____

¡A comunicar! en el mundo hispano

Gramática: CP.1 Sustantivos y artículos

D. Cuarto en desorden. Di lo que ves en el piso del cuarto de tu amigo José.

MODELO: zapato de tenis: 8
    Veo ocho zapatos de tenis.

1. disco DVD: 6

   _____

2. hoja de papel: 4

   _____

3. calcetín: 7

   _____

4. camisa: 3

   _____

5. billete de un dólar: 7

   _____

6. lápiz de color rojo: 2

   _____

7. manual de estudio: 4

   _____

8. cheque suelto: 2

   _____

9. par de zapatos: 3

   _____

E. Intereses. Tomen turnos con un(a) compañero(a) para indicar si los siguientes temas les interesan o no. Sigan el modelo.

MODELO: proverbio de la tradición popular
          Tú: **¿Te interesan los proverbios de la tradición popular?**
          Compañero(a): **Los proverbios populares me interesan mucho; los aprendo de memoria.**
          o: **No me interesan los proverbios populares; creo que ahora no se usan mucho.**

1. costumbre del tiempo de tus abuelos

   Tú: _____

   Compañero: _____

2. crisis del sistema político

   Tú: _____

   Compañero: _____

3. raíz de tu familia

   Tú: _____

   Compañero: _____

4. poema con contenido social

   Tú: _____

   Compañero: _____

5. ciudad con muchos habitantes

   Tú: _____

   Compañero: _____

6. programa de ciencia en la televisión

   Tú: _____

   Compañero: _____

7. agua cálida del Caribe

   Tú: _____

   Compañero: _____

8. idioma de los pueblos indígenas

   Tú: _____

   Compañero: _____

9. problema de la globalización

   Tú: _____

   Compañero: _____

Gramática: CP.2 Artículos definidos e indefinidos

F. Sobre la salsa. En el párrafo que sigue, escribe los artículos definidos (**el, la, los, las**) que faltan.

(1) _____ salsa es un ritmo caribeño. Es uno de (2) _____ ritmos actuales

más populares. No se sabe cuál es (3) _____ país de nacimiento de (4) _____ salsa.

Hay quienes creen que (5) _____ origen de (6) _____ salsa se remonta a

ritmos africanos. Otros piensan que (7) _____ antecedente más directo de

(8) _____ salsa es (9) _____ son montuno de Cuba.

(10) _____ letras de (11) _____ canciones de salsa van de muy simples

a muy complejas. (12) _____ amor y (13) _____ protesta política tienen

cabida en muchas de estas canciones.

G. La cartera de la tía Amelia. Escribe el artículo indefinido (**un, una**) delante de cada uno de los siguientes artículos que uno puede encontrar en la cartera de la tía Amelia.

1. _____ pañuelo
2. _____ toallita de papel
3. _____ moneda de veinticinco centavos
4. _____ billete de veinte dólares
5. _____ llave
6. _____ foto
7. _____ teléfono
8. _____ mapa de la ciudad
9. _____ guía de los restaurantes de la ciudad

Gramática: Variantes coloquiales

H. En el consultorio médico. Tu amiga Raquel te pide que leas el párrafo que ha escrito y que hagas las correcciones necesarias.

Cuando tengo una problema de salud, voy a ver al médico. Si la problema es grave, me manda a un

especialisto o a una especialista. Los especialistos me piden que les indique las síntomas que tengo, usan

el estetoscopio y casi siempre toman unos radiografías y hacen varios análises. Me recetan diferentes

medicamentos y me dicen que debo seguir los indicaciones que me dan.

I. Las lenguas románicas. Samuel te pide que leas el párrafo que escribió sobre las lenguas románicas y que hagas cualquier corrección que sea necesaria.

La idioma del Imperio Romano era el latín. Cuando ocurrió el desintegración de este imperio, el latín de los diferentes territorios del imperio comenzó a evolucionar y finalmente se transformó en las idiomas que conocemos hoy como el francés, el portugués, el italiano, el español y el resto de las lenguas románicas. De todas las lenguas románicas el español tiene el cantidad mayor de hablantes. Y entre los más de veinte países de habla hispana, México es la país con el mayor número de hablantes. El español es una idioma que adquiere más y más importancia como lengua global.

Cyberjournal

Consulta con tu profesor(a) si prefiere que hagas este diario digital en forma de correo electrónico o en un foro de discusión (***electronic bulletin board***). Si prefiere un correo electrónico, pídele la dirección a la que puedes mandarle el mensaje. Si prefiere un foro de discusión, necesitas la dirección de Internet a la cual dirigirte.

De uno u otro modo, escribe libremente sobre el siguiente tema. Este mensaje o tu participación en el foro de discusión no serán corregidos por tu profesor(a) a menos que tú se lo pidas. La idea es que vayas desarrollando cierta soltura al comunicarte por escrito con tu profesor(a). Las mismas normas de cortesía que debes mantener en tu clase rigen en este tipo de comunicación. Consulta con tu profesor(a) cualquier regla adicional.

Tema: Haz una breve presentación personal tuya diciendo quién eres, cómo eres y todo lo que te parezca importante compartir con tu profesor(a) sobre tu personalidad. Termina despidiéndote hasta la próxima ocasión.

Capítulo 1
Mexican Americans/Chicanos: La familia

¡Voces del mundo hispano!

A. Riqueza cultural: Chicano sobresaliente. Ahora vas a tener la oportunidad de escuchar a una de las personas que hablaron durante una celebración pública en homenaje a chicanos sobresalientes. Escucha con atención y luego marca si cada oración que sigue es cierta (**C**) o falsa (**F**). Si es falsa, corrígela.

C F 1. Se han reunido para celebrar el Festival de Cine Latino.

_____

C F 2. Edward James Olmos es conocido principalmente por su actuación en el teatro latino.

_____

C F 3. Olmos nació en Guadalajara, México pero se crió en California.

_____

C F 4. Ganó el premio "Tony" por su actuación en la obra teatral, *Zoot Suit*.

_____

C F 5. Edward James Olmos organiza cada año el Festival de Cine Latino en Los Ángeles.

_____

Ahora vas a escuchar el fragmento de "Sammy y los del Tercer Barrio", del autor chicano José Antonio Burciaga, que leíste en tu libro de texto. Escucha con atención y luego marca si cada oración que sigue es cierta (**C**) o falsa (**F**). Si es falsa, corrígela.

C F 1. El Sammy era un chicano que vivía a la orilla del barrio.

_____

C F 2. El Sammy era muy grande, pero no tan grande como Iván.

_____

C F 3. Iván trabajaba al otro lado de la autopista.

_____

C F 4. Probablemente, el Sammy e Iván se tenían miedo el uno al otro.

_____

Acentuación y ortografía

Sílabas

Todas las palabras se dividen en sílabas. Una sílaba es la letra o grupo de letras que forman un sonido independiente dentro de una palabra. Para pronunciar y deletrear correctamente, primero es importante distinguir el número de sílabas en una palabra.

Escucha las siguientes palabras. Trata de distinguir el número de sílabas en cada una.

Una sílaba	Dos sílabas	Tres sílabas	Cuatro sílabas	Cinco o más sílabas
la	mano	abuela	levantarse	difícilmente
por	frente	extraño	diferencia	identificaron

C. ¿Cuántas sílabas oyes? Escucha las siguientes palabras e indica si cada una tiene **1, 2, 3, 4, 5 o más** sílabas. Cada palabra se repetirá dos veces.

1. mundo _____

2. mano _____

3. bendición _____

4. unidad _____

5. flan _____

6. importante _____

7. preservar _____

8. palabra _____

9. español _____

10. jóvenes _____

11. identificar _____

12. inventar _____

Separación en sílabas

Hay cinco reglas que gobiernan la separación de una palabra en sílabas. Escucha las primeras dos reglas; luego haz la actividad que sigue.

Regla 1: Todas las sílabas tienen por lo menos una vocal.

dijo → di-jo   noche → no-che
hermana → her-ma-na   verano → ve-ra-no

Regla 2: La mayoría de las sílabas en español comienzan con una consonante. Una excepción a esta regla son las palabras que comienzan con una vocal.

       nunca → **nun-c**a   mismo → **m**is-**m**o

       calentar → **c**a-**l**en-**t**ar   ojos → o-**j**os

D. Divide en sílabas. Escucha las siguientes palabras. Luego divídelas en sílabas.

MODELO: l e c t u r a
               l e c / t u / r a

1. r e f r a n e s

2. d i c h o s

3. e x p r e s a n

4. c o n s e j o

5. p a r t e

6. o r i g e n

7. c o n o c e m o s

8. t r a n s m i t e n

9. o r a l m e n t e

10. c u l t u r a s

11. f a m o s a

12. o b r a

Ahora escucha las otras tres reglas y luego haz la actividad que sigue.

Regla 3: Cuando la **l** o la **r** va después de una **b, c, d, f, g, p,** o **t,** forman agrupaciones que nunca se separan, o sea, que siempre forman una sílaba.

       hablan → ha-**bl**an   problema → pro-**bl**e-ma

       libro → li-**br**o   regresar → re-**gr**e-sar

Regla 4: Cualquier otra agrupación de consonantes siempre se separa en dos sílabas.

       cuento → cue**n-t**o   persona → pe**r-s**o-na

       pariente → pa-rie**n-t**e   impacto → i**m-p**a**c-t**o

Regla 5: Las agrupaciones de tres consonantes siempre se dividen en dos sílabas, manteniendo las agrupaciones indicadas en la regla N° 3 y evitando la agrupación de la letra **s** antes de otra consonante.

       nombre → no**m-br**e   compramos → co**m-pr**a-mos

       entraron → e**n-tr**a-ron   completo → co**m-pl**e-to

       perspectiva → pe**rs-p**e**c**-ti-va   constante → co**ns-t**an-te

E. Divide en sílabas. Escucha las siguientes palabras. Luego divídelas en sílabas.

1. blanco

2. encuentro

3. imposible

4. estas

5. prefiero

6. hombres

7. desde

8. costumbre

9. entender

10. madre

11. instante

12. ejemplo

F. Ortografía Escucha las siguientes palabras. Escribe cada una al escucharla y luego divídelas en sílabas. Cada palabra se repetirá dos veces.

1. _____
2. _____
3. _____
4. _____
5. _____
6. _____
7. _____
8. _____

Dictado

G. Francisco X. Alarcón. Escucha el siguiente dictado e intenta escribir lo más que puedas. Escucha una vez más para revisar tu párrafo.

_____
_____
_____
_____
_____
_____
_____
_____
_____
_____
_____
_____

¡A comunicar! en el mundo hispano

Gramática: 1.1 Presente de indicativo: Verbos regulares

H. Algo sobre mí. Completa el párrafo con la forma apropiada del verbo que aparece entre paréntesis para aprender algo sobre la vida de Carmen.

Yo me _____ (1. llamar) Carmen. _____ (2. Vivir) con mis padres,

mi hermana y dos hermanos. _____ (3. Asistir) a la escuela del barrio. En la escuela,

_____ (4. recibir) buenas notas en general. Los maestros _____ (5. hablar)

de temas interesantes que yo _____ (6. escuchar) con atención.

_____ (7. Escribir) composiciones, lo cual me _____ (8. agradar) mucho. A la hora del almuerzo _____ (9. comer) en la cafetería y siempre

_____ (10. beber) una soda con mi almuerzo.

I. Buenos ratos. Completa el párrafo con la forma apropiada del verbo que aparece entre paréntesis para aprender algo de Carmen y de su amiga Yolanda.

A menudo yo _____ (1. invitar) a mi amiga Yolanda a casa. Ella

_____ (2. vivir) cerca de mí y nosotras dos nos _____ (3. entender)

muy bien. Cuando _____ (4. estar) juntas _____ (5. escuchar) música o

_____ (6. mirar) la tele. De vez en cuando, _____ (7. salir) de paseo. Las

dos nos _____ (8. llevar) muy bien.

J. Labores de la casa. Tú y tus compañeros mencionan algunas de las tareas que hacen para ayudar en casa.

MODELO: preparar una ensalada de vez en cuando
Yo preparo una ensalada de vez en cuando. Me agrada cocinar.

1. pasar la aspiradora

_____

2. sacudir los muebles

_____

3. lavar los platos

_____

4. arreglar la cama

_____

5. cortar el césped

_____

6. limpiar las ventanas

_____

7. ¿otras tareas?

_____

Trabajando con un(a) compañero(a), mencionen por lo menos tres cosas que les agradan mucho y tres que les disgustan. Luego compartan algunas de estas preferencias y fobias con la clase.

MODELO: Me agradan (Me gustan / Aprecio) los automóviles clásicos. Detesto (No me gustan), sin embargo, los coches deportivos.

1. _____

2. _____

3. _____

Gramática: 1.2 Verbos con cambios en la raíz

L. El mundo de la escuela. Usa la forma verbal apropiada para completar el siguiente párrafo sobre los niños y la escuela.

Muchos niños _____ (1. sufrir) una pequeña o gran crisis cuando

_____ (2. comenzar) a ir a la escuela. Ellos _____ (3. pensar) que el

mundo de la casa los _____ (4. proteger). En el mundo de la escuela, por el contrario,

ellos se _____ (5. sentir) perdidos y eso les _____ (6. producir) un poco

de miedo. Pero luego esa experiencia extraña se _____ (7. volver) familiar. Así, ellos

se _____ (8. tranquilizar) y se _____ (9. sentir) a gusto en su nuevo

ambiente.

M. ¿Labores de mujer? Usa la forma apropiada del verbo que aparece entre paréntesis para saber qué opina tu amiga Julia del trabajo de casa.

Yo no _____ (1. entender) por qué muchos _____ (2. creer)

que casi todas las tareas de la casa _____ (3. tener) que hacerlas las mujeres. Yo

_____ (4. pensar) que si la tarea _____ (5. requerir) mucha fuerza física y

una mujer no _____ (6. tener) mucha fuerza, pues _____ (7. poder) ser

más conveniente que la haga el hombre. Pero hombres y mujeres _____ (8. poder) hacer

la mayoría de las tareas de la casa. Yo no _____ (9. entender) por qué los hombres

no _____ (10. ayudar) más en casa.

N. Para conocerte mejor. Trabajando con un(a) compañero(a), tomen turnos para hacerse las siguientes preguntas. Sigan el modelo.

MODELO: pedir dinero a tus padres

Tú: **¿Pides dinero a tus padres?**

Compañero(a): **Sí, pido dinero a mis padres; pero eso no ocurre con frecuencia.**
o: **No, no pido dinero a mis padres; tengo mi propio dinero.**

1. seguir los consejos de las personas mayores

    Tú: _____

    Compañero: _____

2. elegir tus amigos con prudencia

    Tú: _____

    Compañero: _____

3. mentir a veces

    Tú: _____

    Compañero: _____

4. probar actividades diferentes de vez en cuando

    Tú: _____

    Compañero: _____

5. defender tus principios

    Tú: _____

    Compañero: _____

6. entenderse con casi todo el mundo

    Tú: _____

    Compañero: _____

7. ¿otras preguntas?

    Tú: _____

    Compañero: _____

Gramática: 1.3 Verbos con cambios ortográficos y verbos irregulares

O. Un escritor mexicoamericano comprometido. Completa el siguiente párrafo con el presente de indicativo de los verbos que aparecen entre paréntesis para aprender un poco sobre la vida de José Antonio Burciaga, autor que emplea el caló en sus escritos.

José Antonio Burciaga _____ (1. ser) un destacado escritor chicano.

_____ (2. Nacer) en El Paso, Texas, en 1940. Cuando _____ (3. tener)

veinte años se _____ (4. alistar) en la Fuerza Aérea de EE.UU. Como miembro de esta

institución, _____ (5. hacer) viajes a Islandia y a España. A partir de los treinta años,

en la década de los 70, _____ (6. comenzar) a escribir artículos periodísticos, cuentos y

poemas. _____ (7. Satisfacer) sus inquietudes artísticas pintando también murales.

Además, _____ (8. contribuir) a proyectos sociales y se

_____ (9. convertir) en líder de su comunidad. En muchos de sus escritos sus personajes

se _____ (10. expresar) en caló.

P. Victoria. Escribe el presente de indicativo de los verbos que están entre paréntesis para contar la historia del poema que leíste en esta lección.

La familia _____ (1. acabar) de cenar. _____ (2. Llegar) la hora de

lavar los platos. Esta tarea le _____ (3. corresponder) regularmente a la hija de la

familia. Esta vez, sin embargo, ella _____ (4. anunciar) que de ahora en adelante

ya no _____ (5. lavar) los platos. _____ (6. Haber) conmoción entre

los miembros de la familia. La madre _____ (7. admirar) la conducta de su hija.

Además de la madre, _____ (8. estar) a la mesa los cinco hermanos y el padre. Los

hijos varones se _____ (9. mirar) entre ellos, esperando la reacción del padre. Ellos

_____ (10. creer) que el padre _____ (11. ir) a reaccionar de modo

violento. Nadie _____ (12. hacer) nada por unos momentos. Finalmente, el padre se

_____ (13. poner) el delantal y _____ (14. empezar) a lavar los platos.

Esa _____ (15. ser) la pequeña gran victoria de la hermana.

Q. Travesuras de familia. Completa el siguiente párrafo sobre una tradición familiar escribiendo la forma apropiada del presente de indicativo de los verbos que están entre paréntesis.

Yo les _____ (1. ir) a contar una tradición que nosotros _____ (2. tener)

en nuestra familia, la de los cascarones. Los cascarones _____ (3. ser) cáscaras de huevo a

las que se les _____ (4. sacar) la yema y la clara a través de un hoyito muy pequeño que

apenas se _____ (5. ver). Cada año, antes del Domingo de Pascua, mis hermanas y yo

_____ (6. comenzar) a guardar cascarones. Muy poco antes de Pascua, todas nosotras nos

_____ (7. sentar) a la mesa y _____ (8. llenar) nuestros cascarones con

confetti y los _____ (9. decorar). Ah, nosotras _____ (10. hacer) el confetti

cortando en pedacitos las tiras cómicas del periódico. El Domingo de Pascua, después de la misa, todas

nosotras _____ (11. sacar) los cascarones y los _____ (12. quebrar)

en la cabeza de algún miembro de la familia, incluso entre nosotras mismas. A nosotras nos

_____ (13. divertir) ver a las personas tratando de sacarse el confetti del cabello. Esta

_____ (14. ser) una travesura sana.

Gramática: Variantes coloquiales

R. Mi rutina. Tu amigo Vicente te pide que leas lo que ha escrito sobre su rutina diaria y que hagas las correcciones que sean necesarias.

Por lo general yo me desperto a las siete de la mañana y me acosto a las diez de la noche. Siempre

desayuno y ceno. Si no tengo tiempo no almorzo, pero eso no se repete a menudo. Asisto a la

universidad por la mañana y algunas tardes trabajo. Yo quero abandonar la universidad, pero todos me

sugeren que continúe. Penso que voy a continuar.

S. Mi primer día en la escuela. Tu amigo Claudio te pide que leas lo que ha escrito sobre su primer día en la escuela y que hagas las correcciones que sean apropiadas.

Yo todavía recordo mi primer día en la escuela. Casi todos venemos con alguien de la familia. Yo vengo

con mi abuela, que me lleva de la mano. Cuando llegamos a la escuela me pongo a llorar, como muchos

otros niños. Mi abuela se despede de mí y yo entro en un mundo desconocido donde me sento solo. Al

llegar al salón de clase, una señora muy amable nos recibe y veo que todos nosotros nos calmamos. El

nuevo lugar empeza a agradarme.

Vocabulario activo: Artistas

T. Lógica. En cada grupo de palabras, subraya aquélla que no esté relacionada con el resto del vocabulario activo que aprendiste en **Hablemos de carreras... de artistas** del Capítulo 1. Luego explica brevemente por qué no está relacionada.

1. dibujante / escultor / neoclásico / muralista / pintor

   _____

2. panorama / surrealista / retrato / paisaje / fresco

   _____

3. fresco / muralista / escultor / pintor / mural

   _____

4. retrato / romántico / religioso / renancentista / moderno

   _____

5. impresionista / gótico / clásico / realista / muralista

   _____

U. Gustos personales. Usa el vocabulario activo que aprendiste en **Hablemos de carreras... de artistas** del Capítulo 1 al indicar tus gustos artísticos personales.

1. En mi opinión, los_____ de la _____ Carmen Lomas Garza son

   sumamente _____.

2. El estilo de su _____ titulado "Cascarones" es _____ pero a la vez

   _____.

3. Yo prefiero el arte _____, como por ejemplo los _____

   del artista _____. En particular me gustan sus _____ y sus

   _____.

4. No me gusta el arte _____ ni el arte _____. Mi estilo de arte

   favorito es el arte _____ y el _____.

Lengua en uso

Repaso básico de la gramática: Sustantivos, pronombres y artículos

- Un **sustantivo** (*noun*) es una palabra que identifica...
    1) una **persona**: madre, hermano, policía, muralista
    2) una **cosa**: retrato, cascarones, libro, tortillas
    3) un **lugar**: escuela, universidad, ciudad, casa
    4) una **abstracción**: miedo, bendición, odio, trueno

Un **nombre propio** (*proper name/noun*) es el nombre particular de una persona, un lugar, una cosa o un evento. Todos los nombres propios son sustantivos.

        Antonio   Montevideo
        El Paso   Campeonato Mundial

- Un **pronombre** (*pronoun*) es una palabra que sustituye a un sustantivo. Hay varios tipos de pronombres. En esta lección vas a concentrarte en los pronombres **personales, demostrativos** e **interrogativos.**

PRONOMBRES PERSONALES

Singular	Plural
yo	nosotros, nosotras
tú	vosotros, vosotras
usted (Ud.)	ustedes (Uds.)
él, ella	ellos, ellas

Los **pronombres personales** sustituyen el nombre de personas o animales.

Ella es una actriz muy famosa.

Él no duerme en la casa, siempre en el garaje.

PRONOMBRES DEMOSTRATIVOS

masculino	ése	ésos	éste	éstos	aquél	aquéllos
femenino	ésa	ésas	ésta	éstas	aquélla	aquéllas
neutro	eso		esto		aquello	

Los **pronombres demostrativos** llevan acento escrito y siempre se refieren a algo concreto.

Éste es mi disco favorito.

Aquélla, la que está cerca de la esquina, es la que pienso comprar.

Los **pronombres demostrativos neutros** nunca llevan acento escrito y siempre se refieren a algo abstracto.

Eso, lo que acabas de decir, es lo que más me molesta.

Aquello pasó hace tantos años que ya no tiene importancia.

PRONOMBRES INTERROGATIVOS

Singular	Plural
cuál	cuáles
cuánto	cuántos
cuánta	cuántas
quién	quiénes
qué	

Los **pronombres interrogativos** siempre llevan acento escrito.

¿**Cuál** te gusta más, el rojo o el blanco?

¿**Cuántas** personas vienen a la fiesta?

¿**Quién** llamó?

¿**Qué** vas a pedir?

• Un **artículo** (*article*) indica el número y género de un sustantivo. Hay dos tipos de artículos: **definidos** e **indefinidos**.

ARTÍCULOS

	Singular	Plural
artículos definidos	el, la	los, las
artículos indefinidos	un, una	unos, unas

Los **artículos definidos e indefinidos** siempre concuerdan en número y género con el sustantivo al que acompañan.

El coche no está funcionando bien. Parece que son **los frenos**.

Busca **un apartamento** cerca de la universidad. Le dije que hay **unos apartamentos** nuevos, muy bonitos y no muy caros en la Calle 19.

V. Sustantivos, pronombres o artículos. Indica si las palabras enumeradas en las siguientes oraciones son sustantivos, pronombres o artículos.

MODELO: Una noche mi hermana dijo que nunca más iba a lavar los platos.
           ¹   ²   ³   ⁴

         1 **artículo indefinido**   3 **sustantivo**

         2 **sustantivo**   4 **artículo definido**

1. Ella odiaba todas esas tareas —el cocinar, limpiar y estar siempre al tanto de sus hermanos.
   ¹   ²   ³   ⁴

   1 _____   3 _____

   2 _____   4 _____

2. Yo miré a mis hermanos; ellos, todos silenciosos, miraron a nuestros padres.
   ¹   ²   ³   ⁴

   1 _____   3 _____

   2 _____   4 _____

3. ¿Quién resolvió el problema? Pues mi padre, cuando se puso a lavar los platos.
             ¹   ²   ³   ⁴

   1 _____   3 _____

   2 _____   4 _____

4. Aquélla fue una noche inolvidable. Ahora yo y mis hermanos lavamos los platos.
   ¹   ²   ³   ⁴

   1 _____   3 _____

   2 _____   4 _____

Cyberjournal

Consulta con tu profesor(a) si prefiere que hagas este diario digital en forma de correo electrónico o en un foro de discusión (*electronic bulletin board*). Si prefiere un correo electrónico, pídele la dirección a la que puedes mandarle el mensaje. Si prefiere un foro de discusión, necesitas la dirección de Internet a la cual dirigirte.

De uno u otro modo, escribe libremente sobre el siguiente tema. Este mensaje o tu participación en el foro de discusión no serán corregidos por tu profesor(a) a menos que tú se lo pidas. La idea es que vayas desarrollando cierta soltura al comunicarte por escrito con tu profesor(a). Las mismas normas de cortesía que debes mantener en tu clase rigen en este tipo de comunicación. Consulta con tu profesor(a) cualquier regla adicional.

Tema: Escribe sobre esta nueva clase que ahora comenzamos. ¿Qué importancia tiene para ti? Indica si va a ser útil para tu futuro, y cómo. ¿Qué esperas aprender durante estas semanas? Termina despidiéndote hasta la próxima ocasión.

Capítulo 2
Puertorriqueños: La nueva realidad

¡Voces del mundo hispano!

A. Riqueza cultural: Puertorriqueña sobresaliente. Ahora vas a escuchar el informe que una joven puertorriqueña dio en su clase de español en la escuela intermedia. Escucha con atención lo que dice y luego marca si cada oración que sigue es cierta (**C**) o falsa (**F**). Si es falsa, corrígela.

C F 1. Jennifer López nació en San Juan, Puerto Rico, pero se crió en Nueva York.

_____

C F 2. La actriz y cantante Jennifer López empezó su carrera como bailarina.

_____

C F 3. Su primera película de importancia fue *In Living Color*.

_____

C F 4. Jennifer López hizo el papel de Selena en la película del mismo nombre.

_____

C F 5. La actriz puertorriqueña ha actuado en más de cuarenta películas.

_____

Ahora vas a tener la oportunidad de escuchar el fragmento de "Garabatos", del autor puertorriqueño Pedro Juan Soto, que leíste en tu libro de texto. Escucha con atención y luego marca si cada oración que sigue es cierta (**C**) o falsa (**F**). Si es falsa, corrígela.

C F 1. La señora se preocupa porque mañana es el cumpleaños de uno de los niños y el padre no les ha comprado nada.

_____

C F 2. El padre dice que los regalos no se dan en Navidad sino en enero, en el Día de los Reyes.

_____

C F 3. La señora dice que los reyes no vienen a Nueva York, sólo Santa Clos viene.

_____

C F 4. La señora dice que el padre sólo se preocupa de beber.

_____

Acentuación y ortografía

El "golpe"

En español, todas las palabras de más de una sílaba tienen una sílaba que se pronuncia con más fuerza o énfasis que las demás. Esta fuerza de pronunciación se llama acento prosódico o "golpe". Hay tres reglas o principios generales de acentuación. Las primeras dos reglas indican dónde llevan el "golpe" la mayoría de las palabras de dos o más sílabas.

Regla 1: Las palabras que terminan en vocal, **n** o **s**, llevan el "golpe" en la penúltima sílaba. Escucha las siguientes palabras con el "golpe" en la penúltima sílaba.

> **rit** - mo   au - **to** - res   re - **ci** - tan

Regla 2: Las palabras que terminan en consonante, excepto **n** o **s**, llevan el "golpe" en la última sílaba. Escucha las siguientes palabras con el "golpe" en la última sílaba.

> na - **riz**   co - mu - ni - **dad**   fa - mi - **liar**

Ahora escucha las palabras que siguen y subraya la sílaba que lleva el golpe. Ten presente las dos reglas que acabas de aprender.

1. listas
2. concurso
3. participar
4. rapidez
5. cometer
6. personas
7. tercera
8. principal
9. seleccionaron
10. musical
11. dificultad
12. reloj

El acento escrito

La tercera regla de acentuación determina cuándo es necesario ponerles acento escrito a las palabras.

Regla 3: Todas las palabras que no siguen las dos reglas anteriores llevan acento ortográfico o escrito.

El acento escrito se coloca sobre la vocal de la sílaba que se pronuncia con más fuerza o énfasis. Escucha las siguientes palabras que llevan acento escrito. La sílaba subrayada indica dónde iría el "golpe" según las dos reglas anteriores.

> <u>in</u> – **glés**   ce - le - <u>bra</u> - **ción**   Gon - **zá** - <u>lez</u>

D. Acento escrito. Ahora escucha las siguientes palabras que requieren acento escrito. Subraya la sílaba que llevaría el golpe según las dos reglas anteriores y luego pon el acento escrito en la sílaba que realmente lo lleva. Fíjate que la sílaba con el acento escrito nunca es la sílaba subrayada.

1. dificil
2. interes
3. comun
4. cafe
5. opinion
6. publico

7. comico
8. carcel
9. politico
10. condicion
11. ejercito
12. Rodriguez

E. Sílabas, el "golpe" y acento escrito. Escribe cada palabra de nuevo dividiéndola en sílabas y subrayando la sílaba que llevaría el "golpe" según las dos reglas de acentuación. Si la palabra requiere acento escrito, escríbela una vez más poniendo el acento en la sílaba que realmente lo lleva. Recuerda que sólo las palabras que no siguen las dos reglas de acentuación llevan acento escrito.

MODELO: *huesped*
hues - <u>ped</u>   **huésped**

1. pacifistas
2. atraccion
3. filosofo
4. religioso
5. aconsejan
6. creatividad
7. Alarcon
8. especial
9. dibujar
10. esperanza

F. Ortografía: Militares. Escucha las siguientes palabras. Escribe cada una dividiéndola en sílabas y subrayando la sílaba que llevaría el "golpe" según las dos reglas de acentuación. Si la palabra requiere acento escrito, pónselo. Cada palabra se dirá dos veces.

1. _____
2. _____
3. _____
4. _____
5. _____
6. _____
7. _____
8. _____

Dictado

■**G. Rosie Pérez.** Escucha el siguiente dictado e intenta escribir lo más que puedas. Escucha una vez más para revisar tu párrafo.

_____

_____

_____

_____

_____

_____

_____

_____

_____

_____

_____

_____

_____

¡A comunicar! en el mundo hispano

Gramática: 2.1 Adjetivos descriptivos

H. Cantante de fama internacional. Selecciona la forma apropiada del adjetivo para completar este párrafo sobre el cantante puertorriqueño Ricky Martin.

Ricky Martin es un _____ (1. famoso / famosa) cantante de renombre

_____ (2. mundial / mundiales). Todos aprecian su

_____ (3. cálido / cálida) personalidad. A este cantante lo aprecian tanto sus

admiradores _____ (4. norteamericanos / norteamericanas) como sus

admiradores _____ (5. extranjero / extranjeros). En todo el mundo la gente

espera con ansiedad su _____ (6. último / última) álbum. Su

_____ (7. popular / populares) canción "La vida loca" recibió aclamaciones

_____ (8. impresionante / impresionantes). Su último álbum, "Life", ha recibido una

_____ (9. calurosa / caluroso) recepción.

I. Super piloto. Emplea la forma apropiada del adjetivo que aparece entre paréntesis para completar el siguiente párrafo sobre el piloto Andrés Sánchez.

Andrés Sánchez es un piloto _____ (1. experimentado). Está

_____ (2. acreditado) para maniobrar el bombardero B-2. Ésta es la aeronave más

_____ (3. avanzado) de la Fuerza Aérea _____ (4. estadounidense).

La _____ (5. primero) vez que piloteó este bombardero se sentía algo

_____ (6. nervioso). El vuelo fue totalmente _____ (7. exitoso) y el piloto

recibió _____ (8. bueno) evaluaciones de sus superiores. Ha volado en este avión

en días _____ (9. despejado), sin nubes y también en días con cielos

_____ (10. gris). No hay diferencia; los vuelos son siempre

_____ (11. impecable).

J. Un lugar poético. Pon los adjetivos que están entre paréntesis en la forma apropiada y selecciona la colocación correcta para completar las siguientes oraciones sobre el café preferido de los poetas de Nueva York.

1. Me gustaría visitar el café de los _____ poetas _____.
   (neoyorquino)

2. Sé que se encuentra en la _____ parte _____ de Manhattan. (bajo)

3. Entiendo que el _____ lugar _____ no es grande. (mismo)

4. Allí uno puede ver a _____ figuras _____ del mundo de la
   literatura. (destacado)

5. Cada noche hay _____ programas artísticos _____. (interesante)

6. Los poetas interpretan sus poemas en su _____ voz _____.
   (propio)

7. Hay baile cuando termina la _____ tertulia _____. (poético)

8. Todos se divierten en la _____ pista de baile _____ del café.
   (acogedor)

Gramática: 2.2 Usos de los verbos *ser* y *estar*

K. Enferma incurable. Selecciona la forma del verbo **ser** o **estar** para completar la descripción de su tía Amelia que te hace tu amiga Sandra.

Creo que la tía Amelia _____ (1. es / está) hipocondríaca. ¿Sabes? Esas personas que creen

que _____ (2. son / están) enfermas todo el tiempo. Tú le nombras una enfermedad y

ves que ella _____ (3. es / está) preocupada porque se imagina que sus síntomas

_____ (4. son / están) de esa enfermedad. Parece que cada vez que la ves

_____ (5. es / está) quejándose de alguna dolencia. Si no la encuentras en casa es porque

_____ (6. es / está) en la oficina de algún doctor. No se te ocurra preguntarle cómo

_____ (7. es / está) porque puedes _____ (8. ser / estar) el día entero escuchando

síntomas de sus enfermedades. Aun así, la estimo mucho porque ella _____ (9. es / está) una

bella persona.

L. Navidad triste. Escribe la forma apropiada del verbo **ser** o **estar** para saber lo que le ocurre a la familia que aparece en el cuento "Garabatos" del escritor puertorriqueño Pedro Juan Soto.

1. En el cuento "Garabatos", vemos que la esposa _____ alarmada.

2. _____ el 23 de diciembre; _____ casi Navidad.

3. El marido _____ un artista en decadencia.

4. No tiene trabajo y aun así _____ muy tranquilo.

5. Su explicación: todavía no _____ la época de los juguetes.

6. Por supuesto; en el mundo hispano los Reyes Magos _____ los que les traen regalos a los niños, pero en enero, no en diciembre.

7. Como el marido no _____ buscando trabajo, la esposa piensa que los niños no van a recibir regalos ni en diciembre ni en enero.

8. Ella cree que su esposo no _____ un padre responsable.

M. Música enloquecedora. Completa con la forma apropiada del verbo **ser** o **estar** en el presente de indicativo para enterarte de la experiencia de Alicia en un concierto de música pop.

Hoy (1) _____ el día del concierto de música pop en la ciudad. Yo

(2) _____ un poco aburrida y decido ir, aunque no (3) _____ demasiado

interesada en este tipo de música. Al entrar en la sala noto que (4) _____ limpia y que

todo el mundo (5) _____ animado. A medida que a una canción le sigue otra, la gente

ya no (6) _____ animada; (7) _____ loca. Yo (8) _____

igual. Todos nosotros gritamos y aplaudimos; ya no (9) _____ sentados;

(10) _____ de pie. (11) _____ una experiencia muy especial. Me pone

triste sí, que cuando termina el concierto la sala ya no (12) _____ limpia; estoy segura

de que todos los asistentes (13) _____ limpios, pero cuando van a un espectáculo no se

comportan como personas que se preocupan del aseo.

Gramática: 2.3 Comparativos y superlativos

N. ¿Qué opinas? Tú y tus compañeros comparan los siguientes grupos de personas con otras. El
modelo que aparece a continuación indica algunas oraciones posibles.

MODELO: poetas
                Los poetas tienen más imaginación que yo. o:
                Los poetas son menos apreciados que los ingenieros. o:
                Los poetas son tan importantes como los científicos.

1. pilotos

    _____

    _____

2. militares

    _____

    _____

3. pintores

    _____

    _____

4. cantantes

    _____

    _____

5. directores de cine

    _____

    _____

6. estrellas de cine

    _____

    _____

7. ¿otras personas?

    _____

    _____

O. El jibarito y yo. Tomen turnos con un(a) compañero(a) para compararse al jibarito moderno de la lectura de este capítulo. Sigan el modelo.

MODELO: ser alegre

Tú: **¿Quién es más alegre, tú o el jibarito moderno?**

Compañero(a):   **El jibarito moderno es más alegre que yo. Goza bailando.** o: **Yo no soy tan alegre como el jibarito moderno. Me gustaría ser tan alegre como él.**

1. bailar mejor

    Tú: _____

    Compañero: _____

2. tener una sonrisa atractiva

    Tú: _____

    Compañero: _____

3. moverse con gracia

    Tú: _____

    Compañero: _____

4. saber pasos de baile

    Tú: _____

    Compañero: _____

5. ser semejante al viento

    Tú: _____

    Compañero: _____

6. ser ágil

    Tú: _____

    Compañero: _____

7. ¿otros rasgos de la personalidad?

    Tú: _____

    Compañero: _____

P. En la tienda de discos. Para saber lo que le pasó a tu amigo Tito, a quien le gusta exagerar, completa el párrafo con la forma superlativa apropiada del adjetivo que aparece entre paréntesis. Sigue el modelo.

MODELO: Vengo de una tienda de discos _____. (conocido)
Vengo de una tienda de discos conocidísima.

Compré una película en DVD _____ (1. caro). El director es

_____ (2. famoso) y los actores principales son

_____ (3. bueno). Ella es _____ (4. hermoso) y él es

_____ (5. guapo). Parece que la trama de la película es

_____ (6. loco). Estuve mucho tiempo en la tienda porque en la caja había

una cola _____ (7. largo); afortunadamente la persona que me atendió era

_____ (8. amable). Voy a pasar un rato _____ (9. animado)

mirando la película.

Gramática: Variantes coloquiales

Q. Reyes salseros. Rubén te ha pedido que leas lo que ha escrito acerca de la salsa y dos famosos intérpretes de salsa, prestando particular atención a la concordancia de los adjetivos, la cual le causa problemas a veces. Haz las correcciones necesarias.

La salsa es una música propio del Caribe. Tiene su origen en las tradiciones musicales afrocubanos de la

región. Hoy se escucha este ritmo pegadizo en el mundo entero. El puertorriqueño Tito Puente, experto

en el manejo ingeniosos de los tamboriles, es considerado el rey de la salsa. La cubana Celia Cruz,

cantante apasionante y apasionado, es reconocida como la reina de la salsa. A pesar de que ya no viven,

estas dos famosos personalidades del mundo musical siguen viviendo en su música inolvidable.

R. Puertorriqueños en Nueva York. Felipe te pide que leas lo que ha escrito sobre su familia y que corrijas empleos de **ser** o **estar** que no sean apropiados.

Mis hermanos y yo estamos viviendo en Nueva York aunque semos originalmente de San Juan. Yo

trabajo para un banco que está en la parte baja de Manhattan. Está un buen trabajo. Mis hermanos están

en la construcción; está un trabajo que les da buen dinero. Cuando estamos de vacaciones, volvemos a la

isla; allí son nuestros padres y muchos familiares. Semos felices cuando estamos en la isla.

S. Buena compra. Tu amiga Diana te pide que leas el párrafo que ha escrito sobre la compra de un coche y que corrijas cualquier forma que no sea apropiada.

Acabo de comprarme un auto usado. Probé más que diez carros antes de decidirme a comprar éste. No

tiene tantas comodidades como un auto de último modelo, pero está más mejor que la mayoría de los

autos usados. En realidad, era el mejor en todos los autos del parqueadero. Y no era tan caro que otros

carros en peores condiciones. Estoy contentísima con mi compra.

Vocabulario activo: Militares

T. Lógica. En cada grupo de palabras, subraya aquélla que no esté relacionada con el resto del vocabulario activo que aprendiste en **Hablemos de carreras... militares** en el Capítulo 2. Luego explica brevemente por qué no está relacionada.

1. Coronel / Almirante / Teniente Coronel / Comandante / General

_____

2. Ejército / Vicealmirante / Fuerza Aérea / Marina / Infantería de Marina

_____

3. Capitán de Navío / General de División / Capitán de Fragata / Capitán de Corbeta / Alférez

_____

4. cuartel / comedor / alistar / sala / saludar

_____

5. Capitán / Coronel / pacifista / Teniente / ejército profesional

_____

U. Gustos personales. Usa el vocabulario activo que aprendiste en **Hablemos de carreras... militares** del Capítulo 2 para expresar tus conocimientos sobre el tema.

1. El rango más alto en el _____ es el de _____. El rango más alto de

la _____ es el de _____.

2. El rango más bajo de un oficial en el _____ es el de _____. El

rango más bajo de un oficial de la _____ es el de _____.

3. Los _____ y los _____ de _____ prefieren evitar

el _____ _____.

4. El _____, la _____ _____ y la

_____ de _____ comparten los mismos rangos militares. La

excepción es la _____.

Lengua en uso

Repaso básico de la gramática: Adjetivos, adverbios, preposiciones y conjunciones

- Un **adjetivo** (*adjective*) describe o modifica un sustantivo o pronombre y concuerda con el sustantivo o pronombre correspondiente. Hay adjetivos descriptivos y adjetivos determinativos.

  1. El **adjetivo descriptivo** describe una característica intrínseca del sustantivo como...

    Rita Moreno es una persona **hermosa**.
    Tiene un Cadillac **azul**.

    Generalmente, los adjetivos descriptivos se escriben después del sustantivo que modifican.

2. El **adjetivo determinativo** no se refiere a una característica del sustantivo sino a cantidad, posición relativa o posesión.

> En toda la comunidad hay **dos** familias hispanas.
> **Esas** cantantes son de Puerto Rico.
> El CD de Ricky Martin es de **mi** hermana.

Generalmente, los adjetivos determinativos se escriben antes del sustantivo que modifican.

- Un **adverbio** (*adverb*) modifica a un verbo, a un adjetivo o a otro adverbio. Es invariable —no cambia ni en número ni en género como los adjetivos. El adverbio contesta las siguientes preguntas: **¿cómo?, ¿cuándo?, ¿cuánto?, ¿dónde? y ¿por qué?**

> Rita Moreno actuó **muy bien** en *West Side Story* **en 1962**.
> Tito Puente grabó **muchos** discos **aquí**, en los Estados Unidos.

Muchos adverbios se forman agregando la terminación **-mente** a los adjetivos. (Equivale a la terminación *-ly* en inglés.)

> libre: libre**mente**   exacto: exacta**mente**
> fiel: fiel**mente**   lento: lenta**mente**

La terminación **-mente** se añade directamente a adjetivos que sólo tienen una forma, como **libre** y **fiel**, y a la forma femenina de adjetivos que tienen dos formas, como **lento/lenta** y **exacto/exacta**.

Si el adjetivo lleva acento escrito, éste se mantiene en su lugar original al formar el adverbio.

> fácil: **fácilmente**   difícil: **difícilmente**

Cuando hay dos o más adverbios en una frase o en una enumeración, la terminación **-mente** se añade sólo al último adverbio y los otros siempre llevan la forma femenina del adjetivo.

> Cuando Bob Vila habla, siempre se expresa **lenta** pero **claramente**.
> Rosie Pérez siempre habla **rápida, entusiasmada y dramáticamente**.

- Una **preposición** (*preposition*) es una palabra que indica la relación entre un sustantivo y otra palabra en una oración. Aquí hay algunos ejemplos de las preposiciones más comunes:

> **a** (*at, to*)   **entre** (*between, among*)
> **antes** (*before*)   **hacia** (*toward*)
> **con** (*with*)   **hasta** (*until, to, up to*)
> **contra** (*against*)   **para** (*for, in order to, by*)
> **de** (*from, since*)   **por** (*for, by, through*)
> **durante** (*during*)   **sin** (*without*)
> **en** (*in, into, at, on*)   **sobre** (*on, about*)

Las **preposiciones compuestas** (*compound prepositions*) se componen de dos o tres palabras.

> **a causa de** (*on account of*)   **en cuanto a** (*as for*)
> **a pesar de** (*in spite of*)   **en frente de** (*in front of*)
> **debajo de** (*under, below*)   **en vez de** (*instead of*)
> **delante de** (*in front of*)   **encima de** (*on top of*)
> **detrás de** (*after, behind*)   **junto a** (*close to*)
> **Durante** el concierto de Jennifer López, yo me senté **detrás de** mamá y papá **a pesar de** que ellos son más altos que yo.

- Una **conjunción** (*conjunction*) es una palabra que une o conecta. Hay conjunciones sencillas y conjunciones compuestas.

Algunas conjunciones son:

> **o** (*or*)   **ni** (*nor, neither*)
> **y** (*and*)   **que** (*that*)
> **pero, mas, sino** (*but*)   **si** (*if, whether*)

Las carreras de Rosie Pérez **y** Jennifer López tienen mucho en común **pero** tienen sus diferencias también.

Para evitar la concurrencia de dos sonidos parecidos, la conjunción **y** cambia a **e** cuando precede a una palabra que empieza con **i** o **hi**, y la conjunción **o** cambia a **u** cuando precede a una palabra que empieza con **o** o **ho**.

Las lenguas oficiales de Puerto Rico son español **e** inglés.

Perdona pero se me olvidó tu apellido, ¿es Álvarez **u** Olivares?

V. Adjetivos, adverbios, preposiciones o conjunciones. Indica si las palabras enumeradas en las siguientes oraciones son **adjetivos, adverbios, preposiciones** o **conjunciones.**

MODELO: Cuando viajo a Nueva York y me siento perdido, voy directamente a mi café favorito.

1 **preposición**   3 **adverbio**

2 **conjunción**   4 **adjetivo descriptivo**

1. Es un diminuto lugar llamado Nuyorican Poets Café, que te hace sentir totalmente en casa.

1 _____   3 _____

2 _____   4 _____

2. Allí me encuentro con personas multilingües de todas partes del mundo.

1 _____   3 _____

2 _____   4 _____

3. Es un lugar muy cómodo, donde poetas, escritores y músicos comparten su creación con el público.

1 _____   3 _____

2 _____   4 _____

4. Los dueños del café son el poeta y dramaturgo° (*playwright*) puertorriqueño Miguel Piñero y un

hombre de cabellos plateados llamado Miguel Algarín.

1 _____   3 _____

2 _____   4 _____

Cyberjournal

Consulta con tu profesor(a) si prefiere que hagas este diario digital en forma de correo electrónico o en un foro de discusión.

Tema: Describe tu familia para tu profesor(a). Habla de los distintos miembros de tu familia más cercana. ¿Con qué frecuencia se reúnen? ¿Cómo se ayudan? ¿Cuáles son algunas de sus tradiciones familiares? Termina despidiéndote hasta la próxima ocasión.

Capítulo 3
Cubanoamericanos: El éxito y la vejez

¡Voces del mundo hispano!

A. Riqueza cultural: Cubanomericana estelar. Ahora vas a escuchar la presentación de una cubanoamericana estelar en el programa de televisión latino "Hablando con las estrellas". Escucha con atención y luego marca si cada oración que sigue es cierta (**C**) o falsa (**F**). Si es falsa, corrígela.

C F 1. Según el locutor, Cristina Saralegui es una multitalentosa y carismática actriz, compositora y cantante cubanoamericana.

_____

C F 2. Gloria Estefan hizo el papel principal en la película *Miami Sound Machine.*

_____

C F 3. Gloria Estefan ha producido más de veinticinco grabaciones.

_____

C F 4. *Mi tierra* es la grabación con la que ganó un "Grammy".

_____

C F 5. El tema de *Mi tierra* es la vida de los cubanoamericanos en Miami.

_____

Ahora vas a escuchar cuatro oraciones habladas por un joven hispano que ha permitido que su contacto con el inglés influya totalmente su español. Escucha con atención; luego marca la palabra en cada agrupación que le ayudaría al joven a comunicarse con más facilidad en el mundo hispanohablante. Finalmente, usa esas palabras para escribir, en un español más general, lo que el joven trataba de decir.

1. carro   camioneta   auto   autobús
   rompan   llenen   compren   revisen
   los frenos   las llantas   el tanque   el parabrisas

2. desayunar   almorzar   merendar   cenar
   las bebidas   la entrada   los asientos   la cuenta
   diez centavos   un dólar   diez dólares   un cheque

3. fútbol   billares   boxeo   en la piscina
   oportunidad   tiempo   ganas   dinero
   vio   pagó   seleccionó   reconoció

4. hablar   comunicar   salir   firmar
   encendió   comparó   separó   reparó
   cesto   piso   campo   lavamanos

Acentuación y ortografía

Repaso de las reglas básicas de acentuación

Mientras escuchas las tres reglas básicas de acentuación, llena los espacios en blanco con las palabras que faltan. Luego memoriza estas tres reglas porque te van a ser muy útiles cada vez que escribas en español.

Regla 1: Las palabras que terminan en _____, _____ o _____, llevan el "_____" en la _____ sílaba.

Regla 2: Las palabras que terminan en _____, excepto _____ o _____, llevan el "_____" en la _____ sílaba.

Regla 3: Todas las palabras que _____ _____ las dos reglas anteriores llevan acento _____ o _____.

Escucha las siguientes palabras. Luego pon el acento escrito en las palabras que lo necesiten.

1. publico   7. Hernandez

2. comercial   8. discriminan

3. republica   9. ultimo

4. Gutierrez   10. mayores

5. comunista   11. ebano

6. juventud   12. espejo

D. Jon Secada. Escucha las siguientes oraciones. Luego coloca el acento escrito en las palabras que lo necesiten.

1. Jon Secada es un musico irresistible en ingles y en español.
2. Este cubanoamericano nacio en La Habana pero se crio en Miami.
3. El conquisto el mercado musical en los Estados Unidos y la America Latina en un tiempo record.
4. En 1992 gano un premio "Grammy" por tener el mejor album latino de musica pop.
5. Este compositor y arreglista tambien completo la maestria en musica de la Universidad de Miami.

E. Ortografía: Médicos y medicina. Escucha las siguientes palabras. Escribe cada una y ponle acento escrito a las palabras que lo requieren. Si no estás seguro(a) dónde poner el acento escrito, divide la palabra en sílabas y subraya la sílaba con el golpe según las reglas que aprendiste para ayudarte a decidir. Cada palabra se dirá dos veces.

1. _____
2. _____
3. _____
4. _____
5. _____
6. _____
7. _____
8. _____

Dictado

F. Ángel Castro. Escucha el siguiente dictado e intenta escribir lo más que puedas. Luego, escucha una vez más para revisar tu párrafo.

_____
_____
_____
_____
_____
_____
_____
_____

¡A comunicar! en el mundo hispano

Gramática: 3.1 Pretérito: Verbos regulares

G. Aprendiz de adivinanzas. Completa el párrafo con el pretérito de los verbos indicados entre paréntesis.

Durante mi niñez, un día mi abuelo me _____ (1. saludar), me

_____ (2. mirar) con detenimiento y me _____ (3. preguntar) si

yo sabía alguna adivinanza. Yo le _____ (4. responder) que no. Entonces él me

_____ (5. recitar) unos versos y _____ (6. pronunciar): ¿Qué es esto? Yo

_____ (7. intentar) adivinar varias veces, pero nunca _____ (8. descubrir)

el significado de los versos. Me _____ (9. gustar) el ejercicio y más tarde, después de

mucha práctica, yo _____ (10. mejorar) notablemente.

H. Dificultades y triunfos. Completa el siguiente párrafo en que el cubanoamericano Desi Arnaz cuenta parte de su vida. Emplea el pretérito de los verbos que están entre paréntesis.

Mi madre y yo _____ (1. emigrar) a EE.UU. en 1933. Ese año el futuro dictador Juan

Fulgencio Batista _____ (2. llevar) a cabo un golpe de estado. Todas nuestras pertenencias

_____ (3. quedar) en Cuba; mi madre y yo _____ (4. llegar) a EE.UU.

con las manos vacías. Al comienzo, yo _____ (5. enfrentar) muchas dificultades y

_____ (6. deber) superar innumerables obstáculos. Yo _____ (7. empezar)

haciendo pequeños trabajos. Pero luego, y con mucho esfuerzo, _____ (8. encontrar)

mejores puestos y _____ (9. triunfar) como actor, director, productor y músico. Yo lo

_____ (10. pasar) muy bien como personaje del programa de televisión *I Love Lucy*.

I. Uno de mis autores favoritos. Completa con el pretérito el siguiente párrafo sobre el autor cubanoamericano Óscar Hijuelos.

Hace poco yo _____ (1. descubrir) a un escritor cubanoamericano que yo no conocía:

Óscar Hijuelos. Un amigo me _____ (2. prestar) la novela *Los reyes del mambo tocan*

canciones de amor. Esta novela se _____ (3. publicar) originalmente en inglés, pero

yo _____ (4. usar) la versión en español. Bueno, después de leer esta novela yo me

_____ (5. dirigir) a la biblioteca y _____ (6. sacar) otros libros del mismo

autor. Yo _____ (7. averiguar) un poco de la vida de Hijuelos. Él es hijo de padres que

_____ (8. emigrar) de Cuba en los años cuarenta. Él _____ (9. estudiar)

en una escuela pública de Nueva York y luego _____ (10. ingresar) a la universidad.

Después de graduarse, _____ (11. trabajar) para una compañía de transporte. Siempre se _____ (12. interesar) por la literatura. En 1989 se _____ (13. publicar) su novela *The Mambo Kings Sing Songs of Love* y el año siguiente Hijuelos _____ (14. recibir) el premio Pulitzer por esta obra.

Gramática: 3.2 Pronombres de objeto directo e indirecto y la *a* personal

J. Escribiendo el proyecto final. Cuando les preguntas a tus compañeros si han terminado el proyecto final para el curso de historia del arte, esto es lo que te contestan. Sigue el modelo.

MODELO: organizar
Estoy organizándolo (o: **Lo estoy organizando**). **Voy a terminar dentro de poco.**

1. escribir

   _____

2. comenzar

   _____

3. leer

   _____

4. pasar en limpio

   _____

5. corregir

   _____

6. terminar

   _____

Usa los elementos dados para hablar del doctor Pedro José Greer, Jr. Emplea el pretérito, como en el modelo.

MODELO: la madre / visitar / EE.UU. a mediados del siglo pasado
La madre visitó EE.UU. a mediados del siglo pasado.

1. la madre de Pedro José Greer / visitar / Miami en 1956

_____

2. ella / visitar / unos familiares

_____

3. durante esa visita / ella / dar a luz / Pedro José Greer

_____

4. pocos días después / la madre y el bebé / emprender / el regreso a La Habana

_____

5. unos años más tarde, en 1960, / la familia / abandonar / Cuba

_____

6. la familia / establecer / su nueva residencia / en EE.UU.

_____

7. en EE.UU. Pedro José Greer / imitar / su padre y estudiar / medicina

_____

8. Por más de veinte años / el doctor Greer / tratar / las personas de pocos recursos

_____

L. ¿A cuántos conoces? Trabajando con un(a) compañero(a), háganse preguntas para ver quién conoce a más cubanoamericanos famosos. Sigue el modelo.

MODELO: Andy García

Tú: **¿Conoces a Andy García?**

Compañero(a): **Sí, lo conozco. Lo conozco muy bien. Creo que es un actor**

excelente. o:

No, no lo conozco. ¿Es un jugador de béisbol?

1. Desi Arnaz

Tú: _____

Compañero: _____

2. Pedro José Greer, Jr.

Tú: _____

Compañero: _____

3. Óscar Hijuelos

    Tú: _____

    Compañero: _____

4. Manuel Pardo

    Tú: _____

    Compañero: _____

5. Gloria Estefan

    Tú: _____

    Compañero: _____

6. Cameron Díaz

    Tú: _____

    Compañero: _____

7. Jon Secada

    Tú: _____

    Compañero: _____

8. Cristina Saralegui

    Tú: _____

    Compañero: _____

9. ¿otros cubanoamericanos?

    Tú: _____

    Compañero: _____

Gramática: 3.3 *Gustar* y construcciones semejantes

M. Mi familia y yo. Con los elementos dados, haz una oración para mencionar cosas que a ti y a tu familia les gustan o les disgustan. Usa el presente de indicativo, según el modelo.

MODELO: a mis familiares / entretener / las reuniones familiares; a mí / fastidiar
A mis familiares les entretienen las reuniones familiares; a mí me fastidian. ¡Qué lata!

1. a mí / aburrir / las telenovelas; a mi hermano / fascinar

    _____

2. a mis padres / interesar / la música clásica; a mí / cansar

    _____

3. a mi tío Miguel / encantar / el fútbol americano; a mis padres / desagradar

    _____

4. a mi hermana / ofender / los chistes verdes; a mí / divertir

    _____

5. a mí / irritar / las películas de vaqueros; a mis primos / gustar

    _____

N. ¿Interesante o no? Trabajando con un(a) compañero(a), háganse preguntas para saber si les interesan o no las siguientes cosas o actividades. Sigan el modelo.

MODELO: pintar

Tú: **¿Te gusta (encanta / fascina / aburre) pintar?**

Compañero(a):   **Me gusta (encanta / fascina) pintar. Pinto a menudo. o: No me**

                             gusta (interesa / encanta) pintar.

1. bailar

    Tú: _____

    Compañero: _____

2. las películas de amor

    Tú: _____

    Compañero: _____

3. jugar a videojuegos

    Tú: _____

    Compañero: _____

4. ir de compras

    Tú: _____

    Compañero: _____

5. la música pop

Tú: _____

Compañero: _____

6. aprender adivinanzas

Tú: _____

Compañero: _____

7. las entrevistas de trabajo

Tú: _____

Compañero: _____

8. viajar

Tú: _____

Compañero: _____

9. ¿otras cosas o actividades?

Tú: _____

Compañero: _____

Gramática: Variantes coloquiales

O. Felicitaciones. Tu amigo Rubén te pide que leas la siguiente nota que le va a enviar a una amiga cubanoamericana, y que hagas cualquier corrección que sea apropiada.

Debo decirte que sento gran admiración por ti. Te admiro mucho porque cuando salites de Cuba y no

tenías ni un centavo no te desanimates. Llegates a EE.UU. y comenzates a estudiar y a trabajar duro. Te

esforzates y finalmente triunfates. Todos tus amigos nos sentemos muy orgullosos de ti.

P. Visita a una enferma. Le pides a tu amiga Enriqueta que lea y revise el párrafo que escribiste acerca de tu visita a tu amiga Nadia, quien está enferma. Quieres que Enriqueta preste especial atención al uso de los pronombres de objeto directo e indirecto.

Cuando supe que mi amiga Nadia estaba enferma le fui a ver de inmediato. Su mamá me recibió

amablemente. Yo le saludé y le pregunté si podía ver a Nadia. Me dijo que por supuesto. Subí al cuarto

de Nadia, la dije hola y conversamos por un rato. Le mostré los apuntes de los cursos que seguimos

juntas y se les entregué. Antes de irme, la prometí que volvería pronto.

Tu amigo Harold, un estudiante norteamericano que estudia español, no entendió muy bien la explicación que recibió acerca del uso de **gustar,** y te pide que le ayudes a hacer el siguiente ejercicio. Tiene que parear cada frase con **gustar** con un equivalente válido del inglés *to like.*

_____ **1.** Me gusta.   **a.** *You like them.*

_____ **2.** Me gustas.   **b.** *We like you.*

_____ **3.** Te gustan.   **c.** *I like you.*

_____ **4.** Le gusto.   **d.** *I like it.*

_____ **5.** Le gusta.   **e.** *He likes it.*

_____ **6.** Le gustamos.   **f.** *He likes us.*

_____ **7.** Nos gustas.   **g.** *She likes me.*

Vocabulario activo: Médicos y medicina

R. Lógica. En cada grupo de palabras, subraya aquélla que no esté relacionada con el resto del vocabulario activo que aprendiste en **Hablemos de carreras… en medicina** en el Capítulo 3. Luego explica brevemente por qué no está relacionada.

1. interno / cirujano / aprendiz / residente / pregraduado

_____

2. cardiología / dermatólogo / urología / ortopedia / anestesiología

_____

3. radiólogo / ginecólogo / cardiólogo / gastroenterólogo / médico

_____

4. oftalmología / pediatría / psiquiatría / cardiología / neurología

_____

5. ginecólogo / oftalmólogo / ortopedista / dermatólogo / ortopedia

_____

S. Médicos. Usa el vocabulario activo que aprendiste en **Hablemos de carreras… en medicina** del Capítulo 3 para indicar a qué médicos acudirían tú y tu familia en estos casos.

1. Mamá dice que está teniendo problemas femeninos y, por eso, tendrá que ver a un _____.

Pero también necesita ver a un _____ porque dice que está teniendo problemas con las vías

urinarias.

2. Yo estoy teniendo serios problemas con la piel, por eso voy a ver a un _____. También tengo

problemas con los ojos y tengo que ver a un _____.

3. Ayer, mi hermanito se rompió un brazo y tuvieron que llevarlo a un _____ para arreglárselo.

Pero tenía tanto dolor que primero llamaron a un _____ para dormirlo antes de proceder.

4. Cuando papá sufrió un ataque al corazón, su cirujano _____ lo operó. Luego, cuando

empezó a tener serios problemas con el estómago, un _____ tuvo que atenderlo.

Lengua en uso

Signos de puntuación que indican pausas, distribución u orden

- **La coma (,)** indica una pausa corta.

  Pedro Gutiérrez, cubano, contador público y ex profesor de la Escuela de Ciencias Comerciales de la Universidad de la Habana, era uno más entre los miles que habían abandonado la República de Cuba.

- **El punto (.)** indica una pausa entre oraciones. Además, la pausa del punto siempre es más prolongada que la de la coma. El **punto millar** separa unidades de mil al escribir números.

  Cuba ha producido un gran número de excelentes músicos.

  La población de cubanoamericanos ahora es más de 1.300.000.

- **El punto y coma (;)** representa una pausa más larga que la de la coma, pero menos prolongada que la del punto. Su uso más frecuente es separar dos ideas completas que están relacionadas de alguna manera.

  En 1980, Castro permitió un éxodo masivo de más de 125.000 cubanos a los Estados Unidos; estos emigrantes cubanos son conocidos como "marielitos" por salir del puerto de Mariel.

  Otro uso del punto y coma es la separación de enumeración de cláusulas largas y complejas cuando interviene ya alguna coma.

  Entre sus discos más importantes sobresalen *Gloria Estefan's Greatest Hits,* en inglés; y en español, *Mi tierra,* un homenaje musical a Cuba; y *Abriendo puertas,* con los que ganó el premio "Grammy" en 1993 y 2001.

- **Los dos puntos (:)** representan una pausa intermedia como la del punto y coma. Este signo de puntuación se utiliza en los siguientes casos:

  1. Antes de una enumeración.

     Es imposible pensar en los grandes artistas estadounidenses y no incluir a un buen número de cubanoamericanos: Gloria Estefan, Andy García, Celia Cruz y otros.

  2. Después de una palabra o frase que expresa ejemplificación.

     por ejemplo:

     entre otros:

     modelo:

     En mi opinión, los siguientes son los cantantes cubanoamericanos más importantes: Gloria Estefan, Celia Cruz, Jon Secada y La Lupe.

  3. Después del saludo en una carta o una nota.

     Estimados señores:

     Mi muy querida amiga:

  4. Antes de una cita textual.

     Mi obra favorita de José Martí es *Versos sencillos* y mi poema favorito: "Yo soy un hombre sincero".

- **Los puntos suspensivos (...)** indican una pausa casi igual a la del punto, al establecer una suspensión del discurso. Su función es expresar varios estados de ánimo: duda, temor, emoción o expectación. También puede señalar algo no acabado. Siempre aparecen como tres puntos: no más, no menos.

  Yo creía que el culpable era el tío, pero...
  Y así, una vez más estarían unidos, para luchar siempre juntos...

En otras ocasiones, los puntos suspensivos indican la omisión de palabras o líneas de un texto.

Walterio regresó a la casa de Pedro... con dos frascos de tinte para el pelo.
El martes conseguía empleo… como tenedor de libros.

T. *La llamada* de Roberto G. Fernández. En este cuento, el escritor cubanoamericano Robert G. Fernández trata de captar lo cómico, la tensión y la anticipación cuando miembros de una familia cubana en los Estados Unidos se juntan para llamar por teléfono a parientes en la isla. Para restaurar estos fragmentos al original del cuento de Roberto G. Fernández, coloca los signos de puntuación [(,), (.), (;), (:), (…)] donde se necesiten.

Sentados en aquella inmaculada salita en torno al teléfono tal como si fuera un santo en vela se encontraba toda la familia reunida. Raúl el mayor ya había arreglado su amplificador para conectarlo al receptor Marta la niña afanosamente probaba su grabadora de pilas Don Jesús fumando un tabaco no dejaba de pensar en los $50 que le habría de costar la llamada Claro que no expresaba su opinión por respeto o miedo a su mujer ¡Clara era tan apegada a su familia! y ya hacía cinco años que no hablaban

Pasaron tres largas horas cuando al fin se oyeron por el amplificador cinco timbrazos y al descolgar se escuchó la suave voz de la operadora quien anunciaba la llamada y preguntaba su habitual "¿Están dispuestos a pagarla?"

Cyberjournal

Consulta con tu profesor(a) si prefiere que hagas este diario digital en forma de correo electrónico o en un foro de discusión.

Tema: Escribe una carta a tu profesor(a) en la que le pides que te explique alguna duda que tienes sobre la clase. Puede ser del contenido, las notas, etc. Puedes inventar las preguntas, pero escribe la carta siguiendo los modelos normales de escribir cartas, con su introducción y su despedida. Termina despidiéndote hasta la próxima ocasión.

Capítulo 4
Dominicanos: La comunidad

¡Voces del mundo hispano!

A. Riqueza cultural: Dominicano estelar. Ahora vas a conocer al joven escritor dominicano Junot Díaz. Escucha con atención y luego marca si cada oración que sigue es cierta (**C**) o falsa (**F**). Si es falsa, corrígela.

C F 1. Junot Díaz emigró de la República Dominicana a los Estados Unidos con su familia cuando tenía diecisiete años.

_____

C F 2. Como muchos inmigrantes dominicanos, la familia de Junot Díaz vivía en extrema pobreza en Nueva Jersey.

_____

C F 3. En la escuela secundaria, Junot Díaz se dedicó a escribir cuentos sobre el sufrimiento de su familia y sus amigos.

_____

C F 4. *Drown* es el nombre de la colección de poesía que le trajo fama y fortuna al joven Junot Díaz.

_____

C F 5. Junot Díaz completó la licenciatura en la Universidad de Syracuse, la maestría en Rutgers y enseña ahora en Cornell.

_____

Ahora vas a escuchar varias oraciones habladas por unos jóvenes hispanos que han permitido que su contacto con el inglés influya totalmente su español. Escucha con atención; luego marca la palabra en cada agrupación que les ayudaría a los jóvenes a comunicarse con más facilidad en el mundo hispanohablante. Finalmente, usa esas palabras para escribir, en un español más general, lo que ellos trataban de decir.

1. Óscar: ¿Ya te *registraste*?

   matriculaste / alistaste / enrolaste

   _____

2. Natalia: Cuando hables con ella, *lo vas a realizar.*

   te vas a inscribir / lo vas a adivinar / te vas a dar cuenta

   _____

3. Natalia: ¿Cuándo enviaste la *aplicación*?

   solicitud / registración / cuestionario

   _____

4. Óscar: Es muy difícil porque también *soporto* a mi hija y a su esposo.

   detengo / apoyo / sostengo

   _____

5. Óscar: Vamos a *movernos* este fin de semana.

   empacarnos / alquilarnos / mudarnos

   _____

6. Natalia: Mi padre *se retira* dentro de un mes.

   se jubila / se deja / se para

   _____

Acentuación y ortografía

Diptongos

Un **diptongo** es la combinación de una vocal débil (**i, u**) con cualquier vocal fuerte (**a, e, o**) o de dos vocales débiles en una sílaba. Un diptongo forma una sílaba y emite un solo sonido. Escucha los siguientes ejemplos de diptongos.

ia: diablo	**ei**: reina	**eu**: europeo
ui: cuidado	**ua**: aguacate	**ue**: cuerno

Ahora escucha las siguientes palabras y pon un círculo alrededor de cada diptongo.

familia	empieza	generaciones
abuelo	Europa	memoria
presencia	contienen	cuento
manteniendo	selecciona	cierto
ciudad	pueden	varias

Acentuar un diptongo

Un acento escrito sobre la vocal fuerte de un diptongo hace que toda la sílaba del diptongo se pronuncie con más énfasis.

na-ción   diá-lo-go   a-cués-ta-te

D. Al acentuar un diptongo. Ahora escucha las siguientes palabras y pon un acento escrito en aquellas palabras que lo necesitan.

beisbol	despues	opinion
valiente	tambien	dispuesto
guerrero	injusticia	patria
negocio	decidio	definicion
comprension	variado	selecciones

Separar un diptongo en dos sílabas

Un acento escrito sobre la vocal débil de un diptongo rompe el diptongo en dos sílabas y causa que la sílaba con el acento escrito se pronuncie con más énfasis. Escucha los siguientes ejemplos de diptongos separados en dos sílabas.

dí-a   con-du-**cí-a**   Ra-**úl**

E. Al separar un diptongo en dos sílabas. Ahora, escucha las siguientes palabras y pon un acento escrito en aquéllas donde se rompe el diptongo en dos sílabas.

pais	policia	literaria
nueva	injusticia	desacuerdo
mayoria	fotografia	movimiento
frio	diez	Diaz
tirania	desafio	historia

Dos vocales fuertes

Las vocales fuertes (**a, e, o**) nunca forman un diptongo al estar juntas en una palabra. Dos vocales fuertes siempre se separan y forman dos sílabas.

ca-os   **le-ó**n   po-**e**-ta

F. Vocales fuertes. Escucha las siguientes palabras y sepáralas en sílabas. Luego, pon un acento escrito en las palabras que lo necesitan.

1. teatro
2. bateador
3. contemporaneo
4. europeo
5. caotico
6. realmente
7. camaleon
8. reactivar

G. Silabación y acentuación. Escucha las siguientes palabras, divídelas en sílabas y subraya la sílaba que debiera llevar el "golpe" según las reglas de acentuación. Luego, coloca el acento escrito donde sea necesario.

1. r e g i o n
2. p r e s i d e n c i a
3. d i a l o g o
4. n e g o c i a n t e
5. r e s f r i o
6. p o e t i c o

7. c u e r n o
8. d e s p u e s
9. n a c i o n
10. c o n t i n u a
11. c u i d a d o s o
12. c o n d u c i a

H. Ortografía: Educación bilingüe. Escucha las siguientes palabras. Escribe cada una y ponle acento escrito a las palabras que lo requieren. Si no estás seguro(a) dónde poner el acento escrito, divide la palabra en sílabas y subraya la sílaba con el golpe según las reglas que aprendiste para ayudarte a decidir. Cada palabra se dirá dos veces.

1. _____
2. _____
3. _____
4. _____

5. _____
6. _____
7. _____
8. _____

Dictado

I. "Sammy" Sosa. Escucha el siguiente dictado e intenta escribir lo más que puedas. Escucha una vez más para revisar tu párrafo.

_____
_____
_____
_____
_____
_____
_____
_____
_____
_____
_____
_____
_____

¡A comunicar! en el mundo hispano

Gramática: 4.1 Pretérito: Verbos con cambios en la raíz y verbos irregulares

J. Mi llegada a Nueva York. Completa el párrafo con el pretérito de los verbos que aparecen entre paréntesis para saber lo que dice un emigrante dominicano reciente.

Cuando yo _____ (1. llegar) a Nueva York _____ (2. ir) a

vivir a Quisqueya Heights. El barrio me _____ (3. parecer) muy bonito y me

_____ (4. atraer) desde el primer momento. _____ (5. Pasar)

momentos muy agradables allí. _____ (6. Conocer) a muchos dominicanos como yo

e _____ (7. hacer) buenos amigos. Yo _____ (8. estar) viviendo en ese

barrio por dos años. Me _____ (9. proponer) mantener mis tradiciones dominicanas

y las _____ (10. mantener).

K. ¿Sabes quién soy? Completa el siguiente párrafo acerca de un hispano estelar. Usa el pretérito de los verbos que están entre paréntesis.

Yo me _____ (1. criar) en Queens, Nueva York. Mi madre

_____ (2. trabajar) en un hospital y nos _____ (3. mantener) a

mí y a mis siete hermanos. El béisbol me _____ (4. interesar) desde pequeño. Yo

_____ (5. tener) suerte y _____ (6. ser) contratado por un equipo de las

Grandes Ligas. Yo _____ (7. estar) con los Marineros de Seattle durante los mejores años

de mi carrera como beisbolista. Yo también _____ (8. jugar) con los *Rangers* de Texas.

Mis años como beisbolista me _____ (9. satisfacer) completamente. Hace unos años

_____ (10. iniciar) la Fundación Esperanza para darle préstamos a la gente pobre.

L. ¿La tierra prometida? Completa cada oración con el pretérito del verbo que aparece entre paréntesis, para saber un poco acerca de la película *Nueba Yol* del dominicano Ángel Muñiz.

1. Esta película, que se _____ (distribuir) en 1995, cuenta la vida del dominicano Balbuena.

2. Al quedar viudo, el protagonista se _____ (sentir) muy triste.

3. Un amigo _____(poder) convencerlo de que debía irse a Nueva York, o Nueba Yol, en la pronunciación popular dominicana.

4. Así, Balbuena _____ (hacer) el viaje de su isla a Nueva York.

5. En su nueva ciudad, él _____ (estar) con unos familiares.

6. Estos familiares no le _____ (gustar) nada.

7. Él _____ (ir) a muchos lugares en busca de trabajo.

8. Desgraciadamente para él, sólo _____ (obtener) trabajos de baja paga.

9. Además, su condición de indocumentado lo _____ (conducir) a tener problemas con la ley.

10. Esta película _____ (ser) un éxito en la República Dominicana.

Gramática: 4.2 Imperfecto

M. Niña sin preocupaciones. Completa las siguientes frases con el imperfecto de los verbos que están entre paréntesis para informarte de la vida de una dominicana en el tiempo de la dictadura.

1. Yo _____ (vivir) con mi familia en la República Dominicana.

2. Yo _____ (ser) una niña como cualquier otra.

3. _____(Asistir) a la escuela.

4. _____(Jugar) con mis amigas.

5. Me _____ (entretener) en casa.

6. Recuerdo que _____(leer) mucho.

7. Mi familia y yo _____ (ir) a casa de los parientes.

8. Algunos parientes _____ (venir) a nuestra casa.

9. Yo no me _____ (dar) cuenta de la situación política.

10. El sistema político del país _____ (ser) una dictadura.

N. Visita al barrio de mi infancia. Completa el siguiente párrafo con el imperfecto del verbo indicado entre paréntesis para saber las impresiones de un estudiante que visita el barrio donde pasó su infancia.

¡Qué sorpresa! A cada momento yo _____ (1. apreciar) cambios en mi antiguo barrio.

Las calles, que antes _____ (2. estar) casi desiertas, ahora _____ (3. estar)

llenas de gente. Y hasta _____ (4. parecer) que las casas _____ (5. estar)

pintadas con colores más alegres. La gente, que antes te _____ (6. mirar) con recelo,

ahora te _____ (7. sonreír). Yo _____ (8. caminar) por todos lados

pero no _____ (9. ver) a ninguno de mis antiguos amigos. Pero, por lo menos,

_____ (10. haber) un ambiente más sano en el barrio.

O. Sueño realizado. Usando el imperfecto de indicativo, completa el siguiente párrafo sobre un sueño del médico Eduardo Vega que se convirtió en realidad.

El médico apasionado de la astronomía _____ (1. vivir) ahora en otro país.

_____ (2. Recordar) el cielo de su República Dominicana natal.

_____ (3. Ser) un hermoso cielo, pero no _____ (4. tener) la claridad

del cielo de Arizona. Para mirar estrellas, no _____ (5. haber) comparación.

El observatorio _____ (6. deber) ser construido en esta nueva tierra. Pero algo

_____ (7. faltar). _____ (8. Ser) necesario construir también un modesto

hotel, una posada. Su sueño se _____ (9. estar) convirtiendo en realidad.

Gramática: 4.3 Expresiones indefinidas y negativas

P. Posada para aficionados a la astronomía. Completen cada oración con la forma indefinida apropiada que aparece entre paréntesis.

1. Unos amigos me dijeron que no hay _____ más fascinante que la posada Skywatcher's

   Inn. (algo / nada)

2. _____ huésped que viene a Skywatcher's Inn queda descontento. (Ninguno / Ningún)

3. A _____ personas les encanta solamente la posada. (algunas / alguien)

4. Pero los amantes de la astronomía _____ se cansan de mirar los astros. (nadie / nunca)

5. Uno no sólo puede observar las estrellas sino _____ leer libros sobre astronomía

   (también / tampoco)

6. Yo no conozco a _____ que haya visitado esa posada. (ningún / nadie)

7. Dicen que _____ persona puede ir, incluso si no se interesa por la astronomía.

   (cualquier / cualquiera)

Q. Gustos contrapuestos. Aunque tú y un(a) compañero(a) tuyo(a) no tienen los mismos gustos se entienden muy bien. Trabaja con un(a) compañero(a) y sigan el modelo.

MODELO: gustarme / todos los deportes

Tú: **A mí me gustan todos los deportes.**

Compañero(a):   **A mí no me gusta ningún deporte.**

1. ver partidos de fútbol y de béisbol

   Tú: _____

   Compañero: _____

2. siempre leer la sección de los deportes en el periódico

   Tú: _____

   Compañero: _____

3. interesarme mucho las estadísticas del béisbol

   Tú: _____

   Compañero: _____

4. poder recitar algunas estadísticas de memoria

   Tú: _____

   Compañero: _____

5. leer acerca del básquetbol y también practicarlo

   Tú: _____

   Compañero: _____

R. Intereses literarios. Trabajando con un(a) compañero(a), tomen turnos para hacerse preguntas sobre la literatura.

MODELO: tú / saber algo de la literatura dominicana

Tú: **¿Sabes (tú) algo de la literatura dominicana?**

Compañero(a):   **No, no sé nada de esa literatura. o: Sí, sé algo de esa literatura.**

Leí un libro de Julia Álvarez.

1. tú / leer a veces a escritores dominicanos

   Tú: _____

   Compañero: _____

2. tú / saber algo de la vida de Julia Álvarez

   Tú: _____

   Compañero: _____

3. tú / conocer a alguien que se interese por la literatura dominicana

Tú: _____

Compañero: _____

4. algunos amigos tuyos / seguir cursos de literatura caribeña

Tú: _____

Compañero: _____

5. tu universidad / ofrecer algunos cursos de literatura dominicana y también de literatura puertorriqueña

Tú: _____

Compañero: _____

Gramática: Variantes coloquiales

S. Por un barrio dominicano. Tu amigo Ramiro te pide que leas y hagas correcciones al párrafo que ha escrito acerca de un paseo que hizo recientemente.

El fin de semana pasado andé por algunas calles de Quisqueya Heights. Después de caminar mucho yo estubo cansado y entré en un café. Pidí un café dominicano y me lo trujeron. Me dijieron que era el mejor que se producía en la República Dominicana. Después de beber mi café me jui a ver a unos amigos.

T. Juegos después de la escuela. Tu amigo Arturo te pide que leas el párrafo que escribió acerca de sus juegos cuando era niño y que corrijas cualquier forma del imperfecto que no sea apropiada.

Lo que más me gustaba cada día no era la escuela; eran las horas después de la escuela cuando mis amigos y yo íbanos a jugar béisbol. En esos momentos yo me sentiba totalmente feliz. Mi amigo Pedro era el que traiba la pelota y apenas llegaba comenzábanos a batear. Yo no era el mejor jugador pero creo que era el que mostraba más entusiasmo. Nos divertíanos enormemente en ese tiempo.

U. Apasionada de la fotografía. Tu amiga Julia te pide que leas el párrafo que ha escrito acerca de una prima y que le hagas las correcciones apropiadas.

Naide entiende más de fotografía que mi prima Aurora. No lee libros ni toma cursos, pero practica mucho. No se cansa nunca de sacar fotos. Naida la distrae cuando está mirando un paisaje para descubrir el mejor ángulo para la toma. Yo le enseñé algunas fotografías de Polibio Díaz y le gustaron mucho; y eso que ella es muy exigente y no le gusta cualquiera foto.

Vocabulario activo: La enseñanza

V. Lógica. En cada grupo de palabras, subraya aquélla que no está relacionada con el resto del vocabulario activo que aprendiste en **Hablemos de carreras... en la enseñanza** en el Capítulo 4. Luego explica brevemente por qué no está relacionada.

1. profesorado / universidad / colegio / escuela / secundaria

   _____

2. notable / postgraduado / sobresaliente / aprobado / insuficiente

   _____

3. rector / catedrático / decano / maestro / profesor

   _____

4. biblioteca / rectorado / química / laboratorio / librería

   _____

5. licenciatura / maestría / bachillerato / doctorado / conferencia

   _____

W. Enseñanza. Usa el vocabulario activo que aprendiste en **Hablemos de carreras... en la enseñanza** del Capítulo 4 al completar estas oraciones.

1. No podré asistir a la _____ a menos que consiga una _____, porque no tengo el dinero para pagar la cuota de matrícula.

2. Mi _____ es derecho. Hice el _____ en ciencias políticas.

3. Mi hija va a terminar la _____ en abril, _____ el 26 de mayo y, Dios quiera, _____ en junio.

4. Hasta ahora, mis tres materias favoritas son _____, _____ y _____. Las tres menos favoritas son _____, _____ y _____.

Lengua en uso

Signos de puntuación que indican entonación

- Los **signos de interrogación (¿?)** se utilizan al hacer preguntas. A diferencia del inglés, en español se ponen **signos de interrogación** al principio de la oración o cláusula así como al final. De esta manera, los signos de interrogación en español le ofrecen de antemano al lector o lectora una idea de cómo modular su voz.

      ¿Por qué opinan eso?

      En tu opinión, ¿a qué se debe?

      Los signos de interrogación no se utilizan en preguntas indirectas.

      ¿Quién llamó? (Directa)

      Necesito saber quién llamó. (Indirecta)

- **Los signos de exclamación (¡!)** expresan sorpresa, ironía, emoción o intensidad. Los signos de exclamación siguen las mismas reglas que los de interrogación. Se utilizan al principio de la oración o cláusula así como al final para ofrecerle de antemano al lector o lectora una idea de cómo modular su voz.

  > ¡Fantástico!
  >
  > ¡Qué horror!

- **El paréntesis [( )]** se emplea para encerrar o señalar palabras o cláusulas intercaladas que aclaran o amplían la comprensión del texto.

  > La entrada al concierto de Gloria Estefan cuesta setenta y nueve dólares ($79).
  >
  > *En el tiempo de las mariposas* (título de una de las obras más reconocidas de Julia Álvarez) se tradujo al inglés palabra por palabra *In the Time of the Butterflies*.

- **Las comillas (" ") («»)**[*] se emplean para las citas directas y con títulos de cuentos y artículos.

  > En una posdata de *En el tiempo de las mariposas*, la autora afirma que "estas hermanas, que lucharon contra un tirano, son un modelo de la mujer que lucha contra toda clase de injusticias".
  >
  > En el artículo *"Fielding His Dream"*, Florángela Dávila señala lo mucho que la Fundación Esperanza de Dave Valle ha ayudado a la gente pobre de la República Dominicana.
  >
  > Las comillas también se usan para llamar atención a ciertas palabras.
  >
  > No cabe duda que Dave Valle le ha traído verdadera "esperanza" al pueblo dominicano.
  >
  > El guión (-) se usa para separar palabras en sílabas al final de un renglón.
  >
  > Según Julia Álvarez, "Una novela, después de todo, no es un documento histórico, sino una manera de viajar por el corazón humano".

- **El guión largo o raya (—)** señala el inicio de diálogo y cuando, dentro de un diálogo, se hace referencia al hablante. Se usa el guión largo con mucha frecuencia en obras literarias: comedias, novelas, cuentos y poesía, como se ve en este breve fragmento sacado del cuento "La mujer" del escritor dominicano Juan Bosh.

  > —¡Hija de mala madre! ¡Hija de mala madre! ¡Te voy a matar como a una perra, desvergonsá!
  > —¡Pero si nadie pasó, Chepe; nadie pasó! —quería ella explicar.
  > —¿Qué no? ¡Ahora verá!
  > Y volvía a golpearla.

  En el ejemplo anterior se puede ver que el guión largo se usa al comenzar a hablar una persona. También se usa antes y después de cualquier referencia a la persona que habla. Nunca se utiliza al final de un párrafo.

  El guión largo también se usa para encerrar palabras o frases incidentales en una oración.

  > Julia Álvarez está convencida de que las hermanas Mirabal hicieron lo que pocos hombres —y sólo unas cuantas mujeres— se han atrevido a hacer.

- **El apóstrofo (')** se utiliza para señalar la omisión de ciertas letras o sílabas en el habla coloquial. En español el apóstrofo nunca se usa para señalar posesión, como en inglés.

  > **M'ijo** está muy enfermo. (**mi hijo**)
  >
  > Voy **pa'** tu casa esta tarde. (**para**)

---

[*]En español se utilizan tanto las comillas inglesas (" ") como las europeas («»).

X. _En el tiempo de las mariposas._ Unos estudiantes hablan de la película que acaban de ver en la clase de español. Para saber lo que dicen, coloca los signos de puntuación donde sean necesarios.

1. Estoy tan emocionada Hoy empezamos a leer _En el tiempo de las mariposas,_ la novela de Julia Álvarez.

2. Pero qué catástrofe Cómo pueden haber matado a esas pobres inocentes

3. _In the Time of the Butterflies_ 2001 es mi película favorita de Mariano Barroso pero a mijo no le gustó.

4. Sabes si han sacado una versión en español de _In the Time of the Butterflies_ Sería estupendo

5. No entiendo por qué la filmaron en México y no en la República Dominicana

6. Lo más dramático del libro fue cuando Patria reconoció a Trujillo por la persona que es y dijo algo como Detesto al asesino

7. El diálogo que más me gustó fue

    Otro pastelito Dedé

    Ha estado haci desde que llegue Dijo jaimito en tono confidencial

    Debe haberme preguntando cien veces Dondé está Dedé pág 212

Cyberjournal

Consulta con tu profesor(a) si prefiere que hagas este diario digital en forma de correo electrónico o en un foro de discusión.

Tema: Con tus propias palabras, escríbele a tu profesor(a) sobre algún personaje histórico que admiras. Háblale de su vida y de lo que hizo para merecer tu admiración. Puedes consultar datos biográficos sobre esa persona, pero es importante que hables de él o de ella con tus propias palabras y desde tu perspectiva. Termina despidiéndote hasta la próxima ocasión.

Nombre_____ Fecha _____

Capítulo 5
Nicaragüenses: La reconciliación

¡Voces del mundo hispano!

A. Riqueza cultural: Nicaragüense estelar. Ahora vas a conocer a la ex presidenta de Nicaragua. Escucha con atención y luego marca si cada oración que sigue es cierta (**C**) o falsa (**F**). Si es falsa, corrígela.

C F 1. El esposo de Violeta Barrios de Chamorro fue asesinado en 1978.

_____

C F 2. Violeta Barrios de Chamorro fue parte de la junta revolucionaria que tomó el poder después de la caída del dictador Somoza.

_____

C F 3. Violeta Barrios de Chamorro sirvió de presidenta de Nicaragua de 1990 a 1997.

_____

C F 4. Su gobierno no logró la reconciliación ni con las fuerzas contrarrevolucionarias ni con los EE.UU.

_____

C F 5. Actualmente, la ex presidenta dirige la Fundación Pedro Joaquín Chamorro que se dedica a mantener la prensa libre en Nicaragua.

_____

Escucha con atención el siguiente diálogo y complétalo con las palabras apropiadas. Ten cuidado de evitar la influencia del inglés al deletrear las palabras que faltan.

MAMÁ: Hija, hace tanto que no nos escribes que decidimos llamarte. ¿Estás bien?

MÓNICA: ¡Ay mamá! Ya sabes que estoy muy (1) _____ preparándome para los

exámenes de final de curso. ¡Tengo examen en (2) _____ el jueves!

MAMÁ: Pero hija, ¿cuánto tiempo toma levantar el (3) _____ y marcar nuestro

número? Ya hace un mes que no oímos nada de ti. Tu papá está muy (4) _____.

Además, nuestro (5) _____ pasó y ni una llamadita de ti.

MÓNICA: Bueno, tendré que decirte la verdad, mamá. Me hice sacar una hermosa

(6) _____ la semana pasada y se la envié el sábado. Deben recibirla hoy o

mañana, a más tardar.

MAMÁ: ¡Ah, qué buena hija eres! Se lo voy a decir a tu padre (7) _____. Adiós, hija.

Acentuación y ortografía

Triptongos

Un **triptongo** es la combinación de tres vocales: una vocal fuerte (**a, e, o**) en medio de dos vocales débiles (**i, u**). Esta combinación de vocales siempre se pronuncia como una sola sílaba en las palabras donde ocurren. Escucha los siguientes ejemplos de triptongos y nota cómo se dividen en sílabas.

P a / r a / g u a y*   b u e y*

* Nótese que la "y" siempre tiene valor de vocal.

Para acentuar un triptongo

Un acento escrito sobre la vocal fuerte de un triptongo hace que toda la sílaba del triptongo se pronuncie con más énfasis.

d i / f e / r e n / c i á i s   a / v e / r i / g u á i s

C. Triptongos. Ahora, escucha las siguientes palabras, divídelas en sílabas y pon acento escrito donde sea necesario. Usa guiones como en el siguiente ejemplo.

MODELO: renuncieis
re-nun-ciéis

1. maguey _____

2. iniciais _____

3. Guaymas _____

4. acariciais _____

5. Uruguay _____

6. desviais _____

7. guau _____

8. Guaynabo _____

D. Ortografía: Servicio voluntario Escucha las siguientes palabras. Escribe cada una y ponle acento escrito a las palabras que lo requieren. Si no estás seguro dónde poner el acento escrito, divide la palabra en sílabas y subraya la sílaba con el golpe según las reglas que aprendiste para ayudarte a decidir. Cada palabra se dirá dos veces.

1. _____

2. _____

3. _____

4. _____

5. _____

6. _____

7. _____

8. _____

Dictado

E. Rubén Darío (1867–1916) Escucha el siguiente dictado e intenta escribir lo más que puedas. Escucha una vez más para revisar tu párrafo.

_____

_____

_____

_____

_____

_____

_____

_____

_____

_____

_____

¡A comunicar! en el mundo hispano

Gramática: 5.1 Pretérito e imperfecto: Acciones acabadas y acciones que sirven de trasfondo

F. El terremoto de 1972. Sigue el modelo para ver lo que te cuentan algunos nicaragüenses que estaban en Managua la noche del terremoto del 23 de diciembre de 1972.

MODELO: cuando ocurrir el terremoto / ser las doce y media de la noche
Cuando ocurrió el terremoto eran las doce y media de la noche.

1. cuando dar las doce y media / yo estar durmiendo

   _____

2. cuando comenzar el terremoto / mi familia y yo mirar la televisión

   _____

3. cuando ocurrir el terremoto / nuestros hijos temblar más que la casa misma

   _____

4. cuando yo sentir el terremoto / yo estar en una fiesta

   _____

5. cuando venir el terremoto / yo visitar a unos amigos en la ciudad

   _____

6. cuando empezar a temblar / todos nosotros en casa gritar sin parar

   _____

7. cuando suceder el terremoto / yo estar en Managua aunque yo vivir en Estelí

   _____

G. Cantante comprometida. Completa la siguiente información sobre la adolescencia de la cantante nicaragüense Sara Torres, empleando la forma apropiada del imperfecto de los verbos que aparecen entre paréntesis.

En mis años de adolescente, mi situación como cantante comprometida con la religión

_____ (1. ser) difícil en Nicaragua. Nosotros _____ (2. vivir) bajo un

régimen dictatorial. Yo _____ (3. sentir) que no _____ (4. tener) libertad.

Así, en 1983 emigré a EE.UU. En esa época yo _____ (5. tener) 17 años. Al principio,

Miami, la ciudad donde yo _____ (6. residir), no me _____ (7. gustar).

No me _____ (8. encontrar) a gusto. _____ (9. Echar) de menos mi

Nicaragua. _____ (10. Escribir) canciones, pero no _____ (11. pensar) en

cantarlas para el público; las _____ (12. componer) para mí misma. El éxito vino después.

Nombre_____ Fecha _____

H. Deliciosa comida. Completa con el pretérito o el imperfecto, según convenga, la siguiente narración acerca de una experiencia en un restaurante nicaragüense.

En mi barrio _____ (1. haber) un restaurante con un nombre que me

_____ (2. gustar): "El Tucán". A menudo yo _____ (3. pasar) delante

del restaurante. Un día _____ (4. decidir) entrar. _____ (5. Ser)

un restaurante pequeño, íntimo. Las paredes _____ (6. estar) adornadas con

murales de colores vibrantes. El camarero que me _____ (7. atender) me

_____ (8. preguntar) si me _____ (9. agradar) la comida nicaragüense.

Yo _____ (10. decir) que no porque no _____ (11. conocer) ese tipo

de cocina. El camarero me _____ (12. recomendar) un plato llamado nacatamales. Lo

_____ (13. probar) y me _____ (14. parecer) excelente. Después de esa

vez, "El Tucán" se _____ (15. convertir) en mi restaurante favorito.

Gramática: 5.2 Pretérito e imperfecto: Acciones simultáneas y recurrentes

I. Mi trabajo como voluntario. Completa con el imperfecto de los verbos que están entre paréntesis el siguiente párrafo en que Emilio cuenta su experiencia como voluntario en Nicaragua.

Yo _____ (1. ser) miembro de una organización caritativa. Esta organización

_____ (2. construir) casas para familias necesitadas. Un día típico mío

_____ (3. comenzar) temprano por la mañana y _____ (4. terminar) a

media tarde. Cada día yo _____ (5. aprender) nuevas cosas sobre la construcción. Además

_____ (6. platicar) con otros voluntarios como yo y con la gente del pueblo. A todos

nosotros nos _____ (7. agradar) cuando nosotros _____ (8. terminar) una

casa y una familia _____ (9. poder) ocuparla. Nos _____ (10. llenar) de

gusto ver la felicidad pintada en el rostro de la gente.

Usa el pretérito o el imperfecto, según convenga, para saber lo que dice del jefe de policía el narrador del cuento "El zoológico de papá".

En una reunión de la semana pasada yo _____ (1. conocer) a un señor que me

_____ (2. parecer) muy interesante. Cuando yo _____ (3. saber) que

era el jefe de policía, él me _____ (4. parecer) aun más interesante. Mayorga, ése

es su nombre, me _____ (5. decir) que si yo _____ (6. querer) yo

_____ (7. poder) ir a visitarlo y él me _____ (8. ir) a mostrar el lugar

donde él _____ (9. trabajar). Yo _____ (10. querer) irlo a ver ayer, pero

desgraciadamente no _____ (11. poder); _____ (12. estar) muy ocupado

con unos amigos que _____ (13. venir) a visitarme. Iré a su lugar de trabajo pronto.

K. Visita al zoológico. Emplea la forma apropiada del pretérito para completar esta historia sobre la visita de Carmen y su hermanita al Zoológico Nacional de Nicaragua.

1. Ayer domingo, yo _____ (llevar) a mi hermanita al Zoológico Nacional.

2. Nuestra última visita a este zoológico _____ (ser) hace más de un año.

3. Nosotras _____ (llegar) como a las once de la mañana.

4. _____ (Pasar) allí unas cuatro horas.

5. _____ (Estar) largo tiempo admirando los tigres y leones.

6. Mi hermanita se _____ (entretener) mucho en el mariposario, la zona de bellas mariposas.

7. Pero también nosotros _____ (recorrer) el área tropical, con animales que conocemos más.

8. Mi hermanita no _____ (querer) pasar junto a los cocodrilos; no le gustan esos animales.

9. Mi hermanita se _____ (divertir) bastante.

10. Yo también me _____ (distraer).

Gramática: Variantes coloquiales

L. Época de opresión. Lucía te pide que leas y corrijas el párrafo que escribió acerca del ejercicio del periodismo en la época de la dictadura de Somoza en Nicaragua.

En la época de la dictadura de Somoza era muy peligroso ser periodista. Los periodistas sintían que no pudían escribir libremente y criticar el régimen. No se gozaba de libertades individuales. Era frecuente oírles decir: "Todos vivíanos a merced del capricho de las autoridades. Si no les gustaba lo que escribíanos nos metían en la cárcel". Para mí es una vergüenza que el gobierno de EE.UU. apoyara esa dictadura.

M. Las compañías multinacionales, ¿prosperidad o catástrofe? Lee lo que ha escrito Rebeca acerca de las compañías multinacionales y corrige cualquier forma verbal que no sea apropiada para la lengua escrita.

Antes mis amigos y yo estábanos en contra de las compañías multinacionales. Sosteníanos que eran una catástrofe para nuestra economía. Pensábanos que sólo se interesaban en sus ganancias y en sus accionistas. Nosotros queríanos que los industriales nacionales, no los extranjeros, controlaran nuestra economía. Los productos nacionales, decíanos, deben quedarse en nuestro país, no deben exportarse. Teníanos opiniones muy seguras y categóricas. Sin embargo, ahora vemos que la situación es más compleja porque estas compañías sí han traído beneficios al país. Antes veíanos sólo lo negativo; ahora vemos que también hay aspectos positivos.

Vocabulario activo: Servicio voluntario

N. Lógica. En cada grupo de palabras, subraya aquélla que no esté relacionada con el resto del vocabulario activo que aprendiste en **Hablemos de carreras… en el servicio voluntario** del Capítulo 5. Luego explica brevemente por qué no está relacionada.

1. bondad / ecumenismo / apoyo moral / vocación / fundamentalismo

   _____

2. sinagoga / alfabetización / primeros auxilios / atención a niños / rehabilitación

   _____

3. bautistas / pentecostales / católicos / presbiterianos / metodistas

   _____

4. alcoholizados / drogradictos / indigentes / víctimas de maltrato / laicos

   _____

5. sinagoga / templo / dispensario / mezquita / iglesia

   _____

O. Servicio voluntario. Usa el vocabulario activo que aprendiste en **Hablemos de carreras... en el servicio voluntario** del Capítulo 5 al completar estas oraciones.

1. En mi opinión, las cuatro religiones cristianas principales en los Estados Unidos son

    _____, _____, _____ y _____.

2. Tres tipos de servicio voluntario que podrían interesarme en un futuro cercano son

    _____, _____ y _____. Un tipo de servicio

    voluntario que no me interesa del todo es _____.

3. Los cristianos generalmente adoran a su dios en una _____, los judíos en una

    _____ y los islamistas en una _____.

4. De los muchos necesitados en mi ciudad, yo estaría dispuesto a trabajar con _____,

    _____ o _____ pero no con _____.

P. Mejorando mi español. Tu amigo Guille te pide que leas el párrafo que escribió acerca de su estadía en una ciudad nicaragüense y que corrijas cualquier forma verbal que no sea apropiada.

El año pasado yo estubo en Estelí, Nicaragua, una ciudad que considero maravillosa. Allí asistí a una

escuela de idiomas porque quería mejorar mi español. Yo tubo suerte porque viví con una familia

nicaragüense que tenía un hijo más o menos de mi edad. Él y yo juimos a muchos lugares de la ciudad

juntos. Con la escuela en que estaba, hacíanos regularmente paseos a lugares vecinos y de vez en cuando

íbanos de excursión a lugares más lejanos.

Lengua en uso

Repaso básico de la gramática: Partes de una oración

Toda oración requiere dos elementos: un sujeto y un verbo. Además, muchas oraciones tienen objetos o complementos directos e indirectos.

- El **sujeto** (*subject*) de la oración es la persona, cosa, lugar o abstracción de lo que se habla. El sujeto puede ser sustantivo o pronombre o una frase sustantivada.

    Violeta Barrios de Chamorro va a hablar después del desfile. ¿**Tú** piensas ir?

    El memorizar diálogos largos no es difícil para el actor nicaragüense José Solano.

    Con frecuencia en español, el sujeto no se expresa ya que queda implícito en la terminación del verbo.

    Daisy Zamora es una poeta y escritora nicaragüense. (sujeto: *Daisy Zamora*)

    Ahora **reside** en los Estados Unidos. (sujeto implícito: *ella*)

- El **verbo** (*verb*) **es la parte de la oración que expresa la acción o estado del sujeto.**

    José Solano **hizo** el papel de salvavidas en el programa de televisión *"Baywatch"*. Más recientemente **actuó** en *"CSI: Miami"* y en la película *Juarez: Stages of Fear.*

- El **objeto (complemento) directo** (*direct object*) es la persona o cosa que recibe la acción directa del verbo. La manera más fácil para identificar el objeto directo es buscar el sujeto y el verbo y preguntar **¿qué?** o **¿a quién?**

    Violeta Barrios dirige la **fundación** que lleva su nombre. (¿Qué dirige?)

    Todo el mundo respeta mucho a la **ex presidenta.** (¿A quién respeta todo el mundo?)

- El **objeto (complemento) indirecto** (*indirect object*) es la persona o cosa *para quien, a quien, para que* o *a que* se hace, se da o se dice algo. La manera más fácil para identificar el objeto indirecto es buscar el sujeto y el verbo y preguntar **¿para quién?, ¿a quién?, ¿para qué?** o **¿a qué?**

    El dictador le dijo **a su hijo** que él nació para mandar. (¿A quién le dijo eso el dictador?)

    El dictador le compró un uniforme de coronel **a su hijo.** (¿Para quién compró el uniforme?)

Los **pronombres de objeto** (complemento) **directo e indirecto** (*direct and indirect object pronouns*) sustituyen a los objetos directos e indirectos en una oración. Mira cómo las formas de estos pronombres son idénticas con la excepción de las de la tercera persona singular y plural.

Pronombres			
Objetos directos		**Objetos indirectos**	
Singular	**Plural**	**Singular**	**Plural**
me	nos	me	nos
te	os	te	os
la, lo	**las, los**	**le**	**les**

El dictador **le** dijo que nació para mandar.

Cuando **le** dio las insignias para el uniforme, el hijo preguntó: ¿Dónde **las** pongo?

¿**Me** ayudas, Papá?

Q. Las partes de la oración. Subraya las partes de las siguientes oraciones, indicando el sujeto (**S**), el verbo (**V**) y el objeto directo (**OD**) e indirecto (**OI**). Escribe la abreviación apropiada sobre cada parte de la oración.

MODELO:
<pre>
        S   V   OD
</pre>
El profesor quiere encontrar trabajo en una universidad.

1. Papá me dio una mirada muy rara esta mañana.

2. Yo lo adoro y él me quiere mucho.

3. Nadie le dice asesino o pirata a mi padre.

4. Los mete en jaulas junto con los pumas.

5. Siempre le confiesan a mi padre… o los mata.

R. Sujetos, verbos y objetos. Identifica las partes de la oración según se indica. Reemplaza los objetos directos e indirectos con sus respectivos pronombres. Indica con una **X** si no hay objetos.

MODELO: Una vez los periódicos le dijeron "pirata" a su papá.

sujeto **periódicos**   verbo **dijeron**

objeto directo **pirata**   objeto indirecto **papá**

pronombre _____   pronombre **le**

1.   El Capitán Mayorga siempre me hace el saludo militar.

sujeto _____   verbo _____

objeto directo _____   objeto indirecto _____

pronombre _____   pronombre _____

2.   Yo también lo saludo a él.

sujeto _____   verbo _____

objeto directo _____   objeto indirecto _____

pronombre _____   pronombre _____

3.   Sólo traen a los más culpables al zoológico del dictador.

sujeto _____   verbo _____

objeto directo _____   objeto indirecto _____

pronombre _____   pronombre _____

4.   Ni conocía al prisionero pero lo odiaba.

sujeto _____   verbo _____

objeto directo _____   objeto indirecto _____

pronombre _____   pronombre _____

5.   Me lo enseñaron muy bien en Union College.

sujeto _____   verbo _____

objeto directo _____   objeto indirecto _____

pronombre _____   pronombre _____

Cyberjournal

Consulta con tu profesor(a) si prefiere que hagas este diario digital en forma de correo electrónico o en un foro de discusión.

Tema: Descríbele a tu profesor(a) un incidente en tu niñez o juventud que tuvo un impacto grande en tu vida. ¿Qué ocurrió? ¿Cómo te impactó? Termina despidiéndote hasta la próxima ocasión.

Nombre_____ Fecha _____

Capítulo 6
Salvadoreños: El porvenir

¡Voces del mundo hispano!

A. Riqueza cultural: Poeta revolucionario. Ahora vas a conocer a un muy amado poeta salvadoreño. Escucha con atención y luego marca si cada oración que sigue es cierta (**C**) o falsa (**F**). Si es falsa, corrígela.

C F 1. Roque Dalton es conocido principalmente como pacifista.

_____

C F 2. Dalton se dedicó a luchar por el pueblo salvadoreño.

_____

C F 3. Roque Dalton fundó un grupo de militares revolucionarios.

_____

C F 4. En el exilio, Dalton se fue a vivir en los Estados Unidos.

_____

C F 5. Ahora Roque Dalton es muy respetado, casi adorado por los salvadoreños.

_____

B. Riqueza lingüística: El voseo centroamericano. Ahora vas a escuchar tres fragmentos del cuento "La botija", del escritor salvadoreño Salarrué. Escucha con cuidado y luego escríbelos, cambiando las expresiones del voseo y la lengua campesina a un español más general.

1. _____

2. _____

3. _____

Acentuación y ortografía

Palabras interrogativas, exclamativas y relativas

Todas las palabras interrogativas y exclamativas llevan acento escrito para distinguirlas de palabras parecidas que se pronuncian igual pero que no tienen significado ni interrogativo ni exclamativo. Escucha las siguientes oraciones y estudia cómo se escriben las palabras interrogativas, exclamativas y relativas. Observa que las oraciones interrogativas empiezan con signos de interrogación inversos y las oraciones exclamativas con signos de exclamación inversos.

1. ¿**Qué** CD?
   El CD **que** te presté.
   ¡Ah! ¡**Qué** CD!

2. ¿Contra **quién** pelea hoy?
   Contra el boxeador a **quien** te presenté.
   ¡Increíble contra **quién** pelea!

3. ¿**Cuántas** libras perdiste?
   Perdí **cuanto** pude.
   ¡**Cuánto** has de sufrir, mujer!

4. ¿**Cómo** lo dibujaste?
   Lo dibujé **como** es, un sinvergüenza.
   ¡**Cómo** se lo merece!

5. ¿**Cuándo** vino?
   Vino **cuando** terminó de trabajar.
   Sí, ¡y mira **cuándo** llegó!

C. Interrogativas, exclamativas y relativas. Ahora escucha las oraciones que siguen y decide si son **interrogativas, exclamativas** o si simplemente usan palabras **relativas.** Pon los acentos escritos y la puntuación apropiada (signos de interrogación, signos de exclamación y puntos) donde sea necesario.

1. Con quien vas a salir

   Con quien Con el muchacho a quien conocí en la fiesta

2. Adonde van

   Vamos adonde él quiera llevarme

3. Quien sabe dónde están

   Están donde están siempre, en el bar

4. Que película más interesante

   Cuando vamos al cine otra vez

5. Lo mandé adonde me dijiste

   Como es posible

6. Compraste el disco que te pedí

   Que disco El que estaba en especial

D. Ortografía: Estadística y análisis de datos. Escucha las siguientes palabras. Escribe cada una y ponle acento escrito a las palabras que lo requieren. Si no estás seguro dónde poner el acento escrito, divide la palabra en sílabas y subraya la sílaba con el golpe según las reglas que aprendiste para ayudarte a decidir. Cada palabra se dirá dos veces.

1. _____

2. _____

3. _____

4. _____

5. _____

6. _____

7. _____

8. _____

Dictado

E. Óscar Arnulfo Romero (1917–1980). Escucha el siguiente dictado e intenta escribir lo más que puedas. Escucha una vez más para revisar tu párrafo.

_____

_____

_____

_____

_____

_____

_____

_____

_____

_____

_____

_____

_____

¡A comunicar! en el mundo hispano

Gramática: 6.1 Las preposiciones *para* y *por*

F. Escenas de la calle. Mira los dibujos y completa las oraciones empleando **para** o **por**, según convenga.

1. _____ combatir el frío se necesita un abrigo.

2. Una de las señoras tiró su abrigo a la basura _____ viejo.

3. La otra señora parece que no se preocupa _____ el mendigo.

4. ¿Será verdad que el conductor del autobús va a comprar un juguete _____ su hijo?

5. El señor que sale del bar va _____ su casa.

6. Es posible que un policía lo detenga _____ estar borracho.

G. Más refranes. Trabajando con un(a) compañero(a), completen los siguientes refranes usando **para** o **por**, según convenga. Luego decidan cuál es el significado de cada refrán. Finalmente, toda la clase se debe poner de acuerdo sobre las respuestas y el significado de los refranes.

1. El amor _____ los ojos entra.

2. No dejes _____ mañana lo que puedes hacer hoy.

3. _____ aprender lo principal es querer.

4. _____ la boca muere el pez.

5. _____ llegar al destino hay que iniciar el camino.

6. _____ el canto se conoce el pájaro.

7. Quien _____ todo se apura, su muerte apresura.

8. _____ bien morir, bien vivir.

H. Accidente. Completa el siguiente párrafo con **para** o **por**, según convenga.

Cuando estaba en El Salvador hice un viaje (1) _____ autobús. Iba

(2) _____ San Salvador, la capital. A la altura del kilómetro 100 (3) _____

poco sufro heridas serias. Un tráiler que venía (4) _____ la otra vía entró en nuestra vía.

El conductor del autobús trató de conducir (5) _____ la orilla de la carretera

(6) _____ evitar el choque. Pero (7) _____ la rapidez con que ocurrió

todo, no se pudo evitar el choque. (8) _____ un accidente tan serio, afortunadamente

hubo relativamente pocos accidentados. (9) _____ conducir de modo peligroso el

conductor del tráiler fue detenido (10) _____ la policía.

Gramática: 6.2 Adjetivos y pronombres posesivos

I. Enfermo crónico. Completa el siguiente párrafo con una de las opciones que están entre paréntesis, para saber de los posibles problemas de salud que tiene tu amigo Samuel.

Un amigo _____ (1. mío, mi) no tiene muy buena salud. Por supuesto, ésa es

_____ (2. su, suya) opinión. Me dice que a veces le duele _____ (3. su, la)

espalda; otras veces son _____ (4. los, sus) dientes. Si camina demasiado se le hinchan

_____ (5. sus, los) pies. La vida _____ (6. suya, su) está por terminarse a

cada instante. El médico _____ (7. su, suyo), según me cuenta, ya no sabe qué recetarle;

me pidió que le diera el nombre _____ (8. de mío, del mío). Yo creo que el médico

_____ (9. mío, mi) y _____ (10. el suyo, suyo) son igualmente buenos.

Me parece que éste es un problema del enfermo, no del doctor.

J. ¿Novio distraído? Sarita te pide ayuda con la tarea que tiene en su clase de español. Debe completar con una forma posesiva el siguiente diálogo entre dos novios con problemas.

Novia: Veo que ya no me quieres. No prestas atención a (1) _____ deseos.

Novio: Amor, eso no es verdad. Los deseos (2) _____ son órdenes para mí. Sabes que yo soy (3) _____ humilde servidor.

Novia: Si es así, ¿cómo es que todavía no me llevas al recital de (4) _____ cantante favorita? ¿Cuántas veces quieres que te lo pida y vuelva a pedir?

Novio: Perdona, amor, se me olvidó. Entiende, (5) _____ cielo, paso por un momento crítico en (6) _____ trabajo. Pero este sábado vamos sin falta.

Novia: ¿Y después de eso vamos a ese café que tanto nos gusta, a (7) _____ café favorito?

Novio: Sí, querida, a mí también me gusta el café; el brasileño es (8) _____ favorito, el que más me gusta.

Novia: ¿Ves que ya no me escuchas? No sabes ni lo que digo. No prestas atención a (9) _____ palabras. No vuelvas a hablarme más. Te odio.

Gramática: 6.3 El infinitivo

K. ¿Cuánto sabes de señales de tráfico? Escribe la letra del símbolo al lado de la frase correspondiente.

A. **B.** **C.**

D. **E.**

1. No entrar con vehículos de motor _____

2. No salir de esta calle _____

3. No dar media vuelta _____

4. No conducir a menos de 100 kilómetros por hora _____

5. No estacionar _____

6. No entrar en el túnel sin detenerse _____

7. No estacionar los días pares _____

8. No exceder 100 kilómetros por hora _____

L. Aprendiz de fotógrafo. Selecciona la opción apropiada para saber los problemas que tiene tu amigo Jaime con su nueva cámara digital. La opción "Ø" quiere decir que no se necesita ninguna palabra para completar la oración.

1. Acaban _____ regalarme una cámara fotográfica digital. (a, Ø, de)

2. Traté _____ leer el manual, pero no lo entendí completamente. (de, a, con)

3. Parece que es normal _____ tener dificultades con estos manuales. (de, a, Ø)

4. Una amiga me ayudó _____ descifrar las instrucciones más complicadas.

   (a, de, Ø)

5. También me enseñó _____ conectar la cámara a mi computadora. (a, Ø, de)

6. Mi amiga me dice que no deje _____ practicar. (a, en, de)

7. Es difícil _____ aceptar los primeros resultados, que no son buenos. (Ø, de, a)

8. A veces me olvido _____ utilizar el flash. (Ø, de, a)

9. Es obvio que necesito _____ practicar más. (de, Ø, a)

10. Afortunadamente no sueño _____ convertirme en un fotógrafo profesional.

    (de, con, a)

M. El poeta y su país. Trabajando con un(a) compañero(a), forma oraciones con el infinitivo según el modelo. Luego lean de nuevo el poema "El Salvador será" de Roque Dalton y decidan qué oraciones pueden aplicarse al contenido del poema y qué oraciones no tienen relación con el poema.

MODELO: necesario / reformar El Salvador.
    Es necesario reformar El Salvador.

1. fundamental / darle más poder a la clase obrera

    _____

2. imprescindible / fertilizar los campos

    _____

3. importante / rechazar los desniveles sociales

    _____

4. obligatorio / usar el machete en la agricultura

    _____

5. indispensable / promover el progreso social

    _____

6. conveniente / usar talco todos los días

    _____

7. bueno / vivir en un país serio

    _____

8. esencial / restituir la decencia en la vida salvadoreña

    _____

9. preciso / pensar incluso en la revolución como opción de cambio

    _____

Gramática: Variantes coloquiales

N. Fotógrafa multiétnica. Tu amiga Elena te pide que leas el párrafo que escribió acerca de la fotógrafa Muriel Hasbún y que prestes atención a su uso de las preposiciones **para** y **por,** haciendo las correcciones necesarias.

Muriel Hasbún tiene ascendencia palestina por el lado paterno y polaca y judía por el lado materno.

Desde joven mostró interés para la fotografía, y por profundizar en este arte estudió en la Universidad

norteamericana de Georgetown. Para alguien nacida en el país más pequeño de Centroamérica, es una

artista con renombre e intereses internacionales. En muchas de sus fotografías se ve un esfuerzo para

rescatar su pasado y tradiciones multiétnicas.

Nombre_____ Fecha _____

O. Admiración por los números. Ramiro te pide que leas lo que ha escrito sobre un compañero, prestando especial atención a las formas posesivas y haciendo las correcciones necesarias.

Un amigo mío se cree inteligentísimo. Hace un par de días me preguntó cuál era mía especialidad. Antes de que yo le respondiera me dijo que suya era la estadística. Y por quince minutos me habló de los méritos de la especialidad suya. Que la estadística domina todos los aspectos de nuestro sociedad. Que no puedes tener tuyo propio negocio sin entender los principios del mercadeo. Que para tomar decisiones son esenciales las encuestas que hacen los profesionales de suya especialidad. Me dolía mi cabeza cuando me dijo adiós rápidamente porque iba a su clase de análisis regresivo.

P. Poeta comprometida. Tu amiga Margarita te pide que leas lo que ha escrito acerca de la escritora salvadoreña Daisy Cubías y que corrijas cualquier uso que no sea apropiado.

La poeta y educadora salvadoreña Daisy Cubías piensa que es importante de defender los derechos humanos. Ella insiste para resguardar los derechos de todos, especialmente los de de las personas humildes de su patria. Ella escribe poesía bilingüe para tratar en llegar a lectores hispanos y norteamericanos. Los horrores de la guerra le han enseñado a continuar la lucha contra la violencia. Sueña de vivir en un mundo en que reine la paz. Me gustó mucho su libro *Children of War*, que acabo en leer.

Vocabulario activo: Estadística y análisis de datos

Q. Definición. Indica qué definición de la segunda columna describe correctamente cada palabra de la primera, según el vocabulario activo que aprendiste en **Hablemos de carreras... en estadística y análisis de datos** en el Capítulo 6.

_____ 1. margen de error
_____ 2. variable
_____ 3. programación
_____ 4. porcentaje
_____ 5. demografía
_____ 6. ecuaciones
_____ 7. placebo
_____ 8. encuesta
_____ 9. gráfico
_____ 10. significante

a. proporción
b. fórmulas de igualdad
c. dibujo esquemático
d. unidad sin valor
e. inconstante
f. opiniones recogidas por medio de un cuestionario
g. el establecer instrucciones para una computadora
h. que tiene valor importante
i. límites de equivocación
j. población

R. Estadística y análisis. De esta lista de vocabulario activo que aprendiste en **Hablemos de carreras... en estadística y análisis de datos,** selecciona dos características de la estadística y dos del análisis de datos. Luego escribe una oración describiendo los aspectos de la estadística y del análisis de datos que seleccionaste.

resolver problemas   demografía   encuesta
margen de error   programación   explosión demográfica

Estadística

1. _____

2. _____

Análisis de datos

3. _____

4. _____

Lengua en uso

Repaso básico de la gramática: Adjetivos y pronombres demostrativos y posesivos

- Los **adjetivos demostrativos** nunca llevan acento escrito. En cambio los **pronombres demostrativos** lo llevan, excepto **eso** y **esto** por ser neutros (no requieren sustantivo). Estudia estos ejemplos.

Adjetivos demostrativos	Pronombres demostrativos
Estos libros son de mi abuelo.	**Éstos** son de Carmen.
Esa falda es demasiado grande.	**¿Ésa?** ¡Es de la China!
Ese disco es mi favorito.	Sí, pero **éste** es más barato.
Aquellos jugetes son de Rusia.	Sí, pues **aquéllos** de allá, no son tan caros.
Esto es muy interesante.	
¡Eso es absurdo!	

- Los **adjetivos posesivos** tienen dos formas: una breve y una larga. Los **pronombres posesivos** siempre usan la forma larga. Estudia estos ejemplos.

Forma breve: Adjetivos		Forma larga: Adjetivos/pronombres	
Singular	**Plural**	**Singular**	**Plural**
mi	mis	mío(a)	míos(as)
tu	tus	tuyo(a)	tuyos(as)
su	sus	suyo(a)	suyos(as)
nuestro(a)	nuestros(as)	nuestro(a)	nuestros(as)
vuestro(a)	vuestros(as)	vuestro(a)	vuestros(as)
su	sus	suyo(a)	suyos(as)

Todas las formas posesivas concuerdan en género y número con el sustantivo al cual modifican. Las formas cortas se usan con más frecuencia. Las formas largas se usan a menudo para poner énfasis o para indicar contraste, o en construcciones con el artículo definido o indefinido.

- Los **pronombres posesivos** usan las formas posesivas largas, reemplazan a un adjetivo posesivo + un sustantivo y se usan generalmente con un artículo definido.

S. Demostrativos y posesivos. Ahora, traduce las siguientes oraciones con **adjetivos** y **pronombres demostrativos** y **posesivos**.

1. This Muriel Hasbun painting reflects her pain and suffering considerably more than that one.

   _____

2. These equations are mine and those on the table are yours.

   _____

3. Why did our survey come up with results totally different than yours?

   _____

4. That's incredible! We did ours on the Internet. Where did you do yours?

   _____

5. My real interest is statistics and hers is analysis. What's yours?

   _____

Cyberjournal

Consulta con tu profesor(a) si prefiere que hagas este diario digital en forma de correo electrónico o en un foro de discusión.

Tema: Escríbele una nota a tu profesor(a) y cuéntale un tema de actualidad que consideres importante. Puedes consultar la prensa. Puede tratarse de una noticia o de un tema importante que se esté debatiendo en este momento. Cuéntaselo en tus propias palabras y explica tu opinión sobre el tema. Termina despidiéndote hasta la próxima ocasión.

Capítulo 7
Españoles: La diversidad

¡Voces del mundo hispano!

A. Riqueza cultural: Artista español. Ahora vas a conocer a un artista español de fama mundial. Escucha con atención y luego marca si cada oración que sigue es cierta (**C**) o falsa (**F**). Si es falsa, corrígela.

C F 1. Pablo Picasso es considerado uno de los creadores del arte moderno.

_____

C F 2. Realizó la mayoría de sus obras en Barcelona, su ciudad favorita.

_____

C F 3. Pasó por varios períodos: el rosado, el azul, el cubista,...

_____

C F 4. *Guernica* es la obra que más se destaca de su período azul.

_____

C F 5. Pablo Picasso murió en Francia a los noventa y dos años.

_____

Ahora vas a escuchar dos breves diálogos entre dos españoles de Castilla. Escucha con cuidado, presta atención al uso de la *zeta* y *ce*, y luego rodea con un círculo las palabras que sí se dicen en el diálogo.

a. caza

b. setas

c. cera

d. ceda

e. cera

f. casa

g. zetas

h. acera

i. seda

j. será

Acentuación y ortografía

Repaso de acentuación, diptongos y triptongos

Tres reglas de acentuación

Regla 1: Las palabras que terminan en **vocal**, **n** o **s**, llevan el golpe en la penúltima sílaba.

Regla 2: Las palabras que terminan en **consonante**, excepto **n** o **s**, llevan el golpe en la última sílaba.

Regla 3: Todas las palabras que no siguen las dos reglas anteriores llevan acento escrito.

Diptongos

- Un **diptongo** es la combinación de una vocal débil **(i, u)** con una vocal fuerte **(a, e, o)** o de dos vocales débiles en una sílaba.

- Los diptongos se pronuncian como una sola sílaba.

- Un acento escrito sobre la vocal fuerte de un diptongo pone el énfasis en la sílaba del diptongo. Un acento escrito sobre la vocal débil separa un diptongo en dos sílabas.

Triptongos

- Un **triptongo** es la combinación de tres vocales: una vocal fuerte **(a, e, o)** en medio de dos vocales débiles **(i, u)**.

- Los triptongos siempre se pronuncian como una sola sílaba. Si requieren acento escrito, éste siempre se pone sobre la vocal fuerte.

C. Repaso de acentuación. Al escuchar las siguientes palabras, divídelas en sílabas, subraya la sílaba que debería llevar el golpe según las reglas de acentuación, y coloca el acento escrito donde se necesite.

1. p l a n i f i c a r

2. s e m a f o r o

3. b l o q u e a d o

4. c o r a z o n

5. m a n d i b u l a

6. a l e g r i a

7. i m b e c i l

8. p r e m o n i c i o n

9. i n t o l e r a b l e m e n t e

10. c a r r e t e r a

11. m e l a n c o l i c a

12. u r g e n c i a

D. Acentos escritos. Al escuchar las siguientes oraciones, ponles acento escrito a las palabras que lo necesiten. Cada oración se dirá dos veces.

1. La Peninsula Iberica llego a ser parte del Imperio Romano.

2. Despues de la invasion musulmana, se inicio la Reconquista.

3. Los judios salieron de España, llevandose consigo el idioma castellano.

4. ¿Que efecto tuvieron los musulmanes en la religion, la politica, la arquitectura y la vida cotidiana?

5. Durante esa epoca se realizaron muchos avances en areas como las matematicas, las artesanias y las ciencias.

Pronunciación y ortografía

De aquí en adelante, en esta sección se van a presentar distintos sonidos que resultan problemáticos al representarlos por escrito, debido a que varias letras pueden representar un mismo sonido. Para distinguir entre sonidos y el deletreo de esos sonidos, representaremos los sonidos entre diagonales (//).

El sonido /k/: Deletreo con c, k, q

Para aprender a deletrear correctamente, es muy importante entender la relación entre la pronunciación y la ortografía. Unos sonidos tienen sólo una manera de escribirse, por ejemplo, el sonido /f/, que siempre se escribe f. Otros sonidos tienen varias maneras de escribirse. Por ejemplo, observa el deletreo del sonido /k/ delante de las vocales mientras escuchas las siguientes palabras.

ca	casa sacar caftán
co	convertir México koala
cu	cuenta recuerdo kurdo
que	queso básquetbol querosén
qui	quince yanqui kilómetro

E. Práctica con la escritura del sonido /k/. Al escuchar las siguientes palabras, escribe las letras que faltan en cada una.

1. aba _ _ _ _

2. cual _ _ _ _ r

3. _ _ _ _ no

4. _ _ _ _ ta

5. _ _ _ _ dor

6. at _ _ _ _

7. iz _ _ _ _ rda

8. _ _ _ _ taron

9. enf _ _ _ _

10. histó _ _ _ _

11. re _ _ _ _ ren

12. _ _ os _ _

F. Ortografía: Deportistas profesionales. Escucha las siguientes palabras. Escribe cada una y ponle acento escrito a las palabras que lo requieren. Si no estás seguro dónde poner el acento escrito, divide la palabra en sílabas y subraya la sílaba con el golpe según las reglas que aprendiste para ayudarte a decidir. Cada palabra se dirá dos veces.

1. _____

2. _____

3. _____

4. _____

5. _____

6. _____

7. _____

8. _____

Dictado

G. Pedro Almodóvar. Escucha el siguiente dictado e intenta escribir lo más que puedas. Escucha una vez más para revisar tu párrafo.

_____

_____

_____

_____

_____

_____

_____

_____

_____

_____

_____

_____

¡A comunicar! en el mundo hispano

Gramática: 7.1 El participio pasado y el presente perfecto de indicativo

H. Estrella del básquetbol. Completa este párrafo sobre el jugador de básquetbol español Pau Gasol usando el participio pasado de los verbos que están entre paréntesis.

Pau Gasol, basquetbolista _____ (1. nacer) en Barcelona en 1980, es un

jugador _____ (2. admirar) por los simpatizantes del club de los Grizzlies de

Memphis. De joven, tuvo una _____ (3. destacar) carrera en su país natal y

en 2001 fue _____ (4. adquirir) por los Hawks de Atlanta. Rápidamente fue

_____ (5. traspasar) a su equipo actual, los Grizzlies. Le costó un poco adaptarse al

ambiente competitivo de la NBA norteamericana, pero por su esfuerzo y progreso en el año 2002

fue _____ (6. nombrar) el mejor jugador principiante. Actualmente este jugador

_____ (7. disciplinar) es _____ (8. considerar) uno de los jugadores más

valiosos de su equipo.

I. Contactos entre lenguas. Emplea el presente perfecto de los verbos indicados entre paréntesis para completar este párrafo sobre la influencia del árabe en la lengua española.

MODELO: El español _____ (estar) en contacto con muchas lenguas.
El español *ha estado* en contacto con muchas lenguas.

A través de su historia, el español _____ (1. recibir) influencias de diversas lenguas.

Quizá la influencia más importante _____ (2. ser) la del idioma árabe. Se cree que

unas cuatro mil palabras de origen árabe _____ (3. entrar) en el vocabulario del

español. El árabe _____ (4. influir) en áreas como las ciencias (álgebra, química),

la agricultura (acequia, alberca) y la vida doméstica (almohada, alfombra). Algunas expresiones

del árabe _____ (5. pasar) al español, como ojalá (si Dios quiere). El árabe

_____ (6. dejar) también su influencia en nombres de lugares, como Guadalquivir

(río grande), Alcalá (castillo) y Medina (ciudad). Palabras que entraron en el español durante la Edad

Media _____ (7. seguir) viviendo hasta nuestros días.

J. Hablando de cantantes. Con un(a) compañero(a), túrnense para hacerse preguntas acerca de cantantes.

MODELO: tú / leer artículos acerca de David Bisbal

Tú: **¿Has leído artículos acerca de David Bisbal?**

Compañero(a):   **Sí, he leído varios artículos acerca de este cantante. o: No, no he leído nada acerca de David Bisbal, excepto por lo que leí en esta lección.**

1.   tú / oír alguna canción de David Bisbal

   Tú: _____

   Compañero: _____

2.   tú / ver algún video de David Bisbal

   Tú: _____

   Compañero: _____

3.   tú / escribir una canción

   Tú: _____

   Compañero: _____

4.   tú / descubrir noticias recientes sobre David Bisbal o sobre tu cantante favorito(a)

   Tú: _____

   Compañero: _____

5.   algún (alguna) compañero(a) / traer algún disco de David Bisbal a la clase

   Tú: _____

   Compañero: _____

6. algún (alguna) amigo(a) tuyo(a) / componer una canción

Tú: _____

Compañero: _____

7. algún (alguna) amigo(a) tuyo(a) / hacer un video

Tú: _____

Compañero: _____

8. ¿otras preguntas?

Tú: _____

Compañero: _____

Gramática: 7.2 Construcciones pasivas

K. Hitos en la historia de la ciudad de Cádiz. Completa algunos eventos de la historia de Cádiz usando la voz pasiva. Conjuga el verbo **ser** en el pretérito, como en el modelo.

MODELO: El lugar donde está ahora Cádiz / poblar / pueblos prehistóricos
El lugar donde ahora está Cádiz fue poblado por pueblos prehistóricos.

1. La ciudad de Cádiz / fundar / por los fenicios en 1100 a.C. aproximadamente

_____

2. En 501 a.C. esta ciudad / conquistar / por los cartagineses

_____

3. En 201 a.C. la ciudad / tomar / por los romanos

_____

4. En el siglo V d.C. la ciudad de Cádiz / destruir / por los visigodos

_____

5. En el siglo VIII la ciudad / reconstruir / por los musulmanes

_____

6. En 1262 la ciudad / tomar / por el rey de Castilla, Alfonso X el Sabio

_____

7. Dos viajes / hacer / por Cristóbal Colón desde este puerto

_____

8. Barrios importantes de la ciudad / destruir / por la gran explosión de 1947

_____

L. Congestión de tráfico. Emplea el **se** pasivo con un verbo en presente de indicativo para describir esta escena típica de una gran ciudad. Sigue el modelo.

MODELO: ver / coches por todas partes
Se ven coches por todas partes.

1. avanzar / lentamente

_____

2. esperar / a los peatones que cruzan lentamente

_____

3. escuchar / el sonido de las bocinas

_____

4. oír / insultos

_____

5. producir / pequeños accidentes

_____

6. presentar / muchos problemas para aparcar

_____

7. experimentar / muchas emociones encontradas

_____

8. llegar / a su destino después de muchos tensos minutos

_____

M. Las drogas. Tu amiga Christie te pide ayuda con la tarea de español que le han dado. Ayúdale a escribir el equivalente pasivo de las siguientes oraciones activas que tienen que ver con las drogas. El tiempo de la oración activa y el tiempo del verbo auxiliar **ser** deben ser idénticos.

MODELO: Algunos enfermos usan la marihuana legalmente.
La marihuana es usada legalmente por algunos enfermos.

1. Tribus indígenas han utilizado algunos alucinógenos.

_____

2. Un especialista trató a un pariente drogadicto mío.

_____

3. Las autoridades prohibirán la venta de alcohol en el futuro.

_____

4. Algunos adolescentes consumen muchas drogas duras diariamente.

_____

5. Ningún país ha legalizado las drogas duras.

_____

6. Campesinos sin mucha educación cultivan a gran escala la planta *Cannabis sativa*.

_____

Gramática: 7.3 Las formas del presente de subjuntivo y el uso del subjuntivo en las cláusulas principales

N. Incógnitas del flamenco. Como muchos tienen dudas sobre las siguientes aseveraciones, tú dices de nuevo cada una de las oraciones comenzando con las palabras **quizá(s)** o **tal vez**. Sigue el modelo.

MODELO: La palabra "flamenco" viene del árabe.
  Tal vez (Quizá / Quizás) la palabra "flamenco" venga del árabe.

1. Los gitanos de España tienen su origen en el norte de la India.

   _____

2. Por ser nómadas, los gitanos toman prestadas múltiples formas musicales.

   _____

3. Hay aportaciones de la cultura hindú en la música gitana.

   _____

4. La música es la manifestación más importante de la cultura gitana.

   _____

5. En la historia del flamenco hay aspectos no resueltos.

   _____

6. Los estilos flamencos no necesitan siempre el baile.

   _____

7. El flamenco es la música más reconocible de Europa.

   _____

8. El nuevo flamenco está poco interesado en preservar las tradiciones.

   _____

O. El equipo no anda bien. Tú y tus compañeros dan posibles razones que explican por qué el equipo de fútbol de todos ustedes no anda muy bien esta temporada. Sigue el modelo.

MODELO: el equipo / necesitar mejores jugadores
  Quizás (Quizá / Tal vez) el equipo necesite mejores jugadores.

1. el entrenador / no tener un buen plan

   _____

2. el entrenador / no saber inspirar a los jugadores

   _____

3. el portero / dejar pasar goles fáciles

   _____

4. los árbitros / ser injustos con el equipo

   _____

5. el dueño del equipo / no pagar mucho a los jugadores

   _____

6. los delanteros / no atacar la portería rival

_____

7. los defensas / no moverse con rapidez

_____

8. los jugadores / no dar un rendimiento de 100%

_____

9. los jugadores / no estar motivados

_____

10. los jugadores / sentirse desanimados

_____

Gramática: Variantes coloquiales

P. Recuerdos de secundaria. Benito te pide que leas el párrafo que ha escrito sobre unas fotos del pasado y que corrijas cualquier forma del participio pasado que no sea apropiada.

Hoy yo ha abrido un álbum de fotografías de mis años de secundaria. Las fotos me han traido recuerdos de esa época y me han ponido un poco melancólico. He volvido a vivir algunas experiencias alegres y otras tristes. Para curar mi melancolía, yo ha resolvido que voy a tratar de ponerme en contacto con algunos antiguos amigos que sé que viven en estados vecinos. Esta decisión me ha satisfacido un poco.

Q. Permisos y prohibiciones. Trabajando con un(a) compañero(a), cada uno(a) nombra primero cuatro cosas que se permiten, o que se permite hacer, en casa. Luego cada uno(a) nombra cuatro cosas que se prohíben, o que se prohíbe hacer, en casa.

MODELO: En casa se permiten los animales. o: En casa se prohíben los animales.
En casa se permite tener animales. o: En casa se prohíbe tener animales.

R. Abuelita Julia Selecciona la forma apropiada para completar esta narración acerca de un ser muy querido de tu familia.

Mi abuelita Julia, quien ha vivido una vida de triunfos pero también de tragedias, me dice que no debemos desesperarnos nunca. Es importante que (1. sépamos / sepamos) lo que queremos y que (2. hagamos / hágamos) todo lo que (3. puédamos / podamos) por conseguirlo. Quiere que todos sus nietos (4. váyamos / vayamos) a la universidad y que (5. obtengamos / obténgamos) una buena educación para que (6. consígamos / consigamos) un buen trabajo. Ella espera que todos nosotros (7. vivamos / vívamos) muchos años y que (8. séamos / seamos) felices. Ojalá que ella también (9. vive / viva) muchos años más, porque es alguien a quien quiero mucho.

Tu amigo Julio ha terminado la tarea en que debe escribir oraciones que tienen que ver con el tráfico usando la palabra **ojalá**. Te pide que leas las oraciones y hagas las correcciones necesarias. Subraya los errores y escribe las correcciones en los blancos.

1. Ojalá haiga poco tráfico esta mañana. _____

2. Ojalá mis amigos y yo puédanos llegar a tiempo al trabajo. _____

3. Ojalá no váyamos muy lentamente. _____

4. Ojalá no ténganos un accidente. _____

5. Ojalá no esperemos largo tiempo ante los semáforos. _____

6. Ojalá yo alcanze a pasar la mayoría de las luces verdes. _____

7. Ojalá yo encontre un lugar para aparcar. _____

Vocabulario activo: Deportistas profesionales

T. Lógica. En cada grupo de palabras, subraya aquélla que no esté relacionada con el resto del vocabulario activo que aprendiste en **Hablemos de carreras... de deportistas profesionales** del Capítulo 7. Luego explica brevemente por qué no está relacionada.

1. arquero / rebote / balón / cesto / tiro

   _____

2. portero / defensa central / centro campista / lateral derecho / espectador

   _____

3. guardameta / golpe de cabeza / encestar / rebote / dar una patada

   _____

4. árbitro / golazo / delantero / entrenador / guardabosque

   _____

5. cancha / estadio / campeonato / césped / gimnasio

   _____

U. Deportes. Usa el vocabulario activo que aprendiste en **Hablemos de carreras... de deportistas profesionales** del Capítulo 7 al indicar tus preferencias en los deportes.

1. Cuando juego al baloncesto prefiero jugar la posición de _____ y en fútbol la de

   _____.

2. Tres posiciones que no me gusta jugar son la de _____ en baloncesto, y la de

   _____ y _____ en fútbol.

3. Tres tipos de faltas en baloncesto son _____, _____ y

   _____; en fútbol son _____, _____ y

   _____.

4. En baloncesto, tres tipos de tiros son _____, _____

y _____; en fútbol, tres tipos de saques son _____,

_____ y _____.

Cyberjournal

Consulta con tu profesor(a) si prefiere que hagas este diario digital en forma de correo electrónico o en un foro de discusión.

Tema: Escríbele una nota a tu profesor(a) y háblale de tu experiencia manejando carros. ¿Te consideras un(a) buen(a) chofer? Si todavía no manejas, o si no manejaste nunca, puedes decir si te parece que la mayoría de la gente maneja bien o mal, y cómo es la mejor manera de manejar en tu ciudad. Termina despidiéndote hasta la próxima ocasión.

Capítulo 8
México: En revolución en el siglo XXI

¡Voces del mundo hispano!

A. Riqueza cultural: Artista por excelencia. Ahora vas a conocer a una de las más reconocidas artistas mexicanas. Escucha con atención y luego marca si cada oración que sigue es cierta **(C)** o falsa **(F)**. Si es falsa, corrígela.

C F 1. Frida Kahlo es una de las artistas mexicanas más importantes de este siglo.

_____

C F 2. Frida casi murió en un accidente de tráfico cuando sólo tenía dieciocho años.

_____

C F 3. Como resultado de su accidente, Frida tuvo que sufrir varias operaciones.

_____

C F 4. Un tema popular en las pinturas de Frida Kahlo es el dolor y sufrimiento que sufrió después de esas operaciones.

_____

C F 5. A los veintidós años, Frida Kahlo se casó con un hombre que tenía tres veces su edad.

_____

B. Riqueza lingüística: La lengua campesina. Ahora vas a escuchar tres fragmentos de la novela *Los de abajo*, del escritor mexicano Mariano Azuela. Escucha con cuidado y luego escríbelos, cambiando las expresiones de la lengua campesina a un español más general.

1. _____

2. _____

3. _____

Acentuación y ortografía

Palabras parecidas: Pares de palabras

En español hay palabras que se escriben exactamente iguales, excepto que una lleva acento escrito y la otra no. Estas palabras parecidas no siguen las reglas de acentuación, lo que permite que una siempre lleve acento escrito para diferenciarse de la otra. A continuación aparece una lista de palabras parecidas. Estudia la lista mientras escuchas. Presta atención a cómo cambia el significado cuando una lleva acento escrito y la otra no.

aun	*even*		aún	*still, yet*
de	*of*		dé	*give (formal command)*
el	*the*		él	*he*
mas	*but*		más	*more*
mi	*my*		mí	*me*
se	*himself, herself, etc.*		sé	*I know, be (fam. cammand)*
si	*if*		sí	*yes*
solo	*alone*		sólo	*only*
te	*you (obj. pron.)*		té	*tea*
tu	*your*		tú	*you (subj. pron.)*

C. Práctica con palabras parecidas. Escucha las siguientes oraciones y subraya la palabra entre paréntesis que mejor complete cada comentario.

1. En (mi / mí) opinión, Frida Kahlo está (sola / sóla) entre las personas que han sobrevivido un gran accidente y expresado su dolor y sufrimiento en su pintura.

2. Frida Kahlo (se / sé) casó cuando ella (solo / sólo) tenía veintidós años y (el / él) cuarenta y tres.

3. (Si / Sí) has visto alguna de sus pinturas, (tu / tú) sabes lo que sufrió después de ese accidente.

4. (Aun / Aún) los críticos se asombran (de / dé) lo mucho que logró bajo (el / él) sufrimiento y dolor continuo que sentía.

D. ¿Cuál corresponde? Escucha las siguientes oraciones y complétalas con las palabras apropiadas. Cada oración se dirá dos veces.

1. Insiste en que le _____ café _____ México.

2. _____ vuelve a llamar, dile que _____ se lo conseguimos.

3. No _____ si él _____ va a quedar a cenar también.

4. _____ compañera de cuarto compró un boleto para _____.

5. _____ compraste uno para _____ prima, ¿no?

6. Éste es _____ abrigo que traje para _____.

Pronunciación y ortografía

El sonido /s/

En el capítulo anterior aprendiste que el sonido **/k/** puede ser representado por las letras **c, k** o **q**. Ahora vas a ver como el sonido /s/ puede ser representado por las letras **s, c** o **z**. Otra vez, para distinguir entre sonidos y el deletreo de esos sonidos, representaremos los sonidos entre diagonales (//).

El sonido /s/: Deletreo con *s, c, z*

La **s** y la **z** tienen un sólo sonido, **/s/**, que es idéntico al sonido de la **c** en las combinaciones **ce** y **ci**. Las siguientes reglas ayudan a diferenciar entre la **s, c** y **z**.

Deletreo con la letra *s*

Las siguientes terminaciones se escriben siempre con la **s**:

- **-sivo(a)**   equivalente a la terminación *-sive* en inglés

    expre**sivo**   defen**siva**   repul**sivo**   expre**siva**

- **-sión**   equivalente a la terminación *-sion* en inglés

    revi**sión**   conclu**sión**   expul**sión**   expre**sión**

- **-és** y **-ense**   para indicar nacionalidad

    japon**és**   nicaragü**ense**   ingl**és**   costarric**ense**

- **-oso(a)**   equivalente a la terminación *-ous* en inglés

    gener**oso**   contagi**osa**   envidi**oso**   graci**osa**

- **-ismo**   equivalente a la terminación *-ism* en inglés

    activ**ismo**   comun**ismo**   capital**ismo**   regional**ismo**

- **-ista**   equivalente a la terminación *-ist* en inglés

    art**ista**   pian**ista**   comun**ista**   rac**ista**

Deletreo con la letra *z*

Los siguientes sufijos, patronímicos y terminaciones se escriben siempre con la **z**:

- **-azo**   para indicar una acción realizada con un objeto determinado

    bal**azo**   cod**azo**   puñat**azo**   botell**azo**

- **-az, -ez, -iz,**   patronímicos (apellidos derivados de nombres propios españoles)

  -oz, -uz   Mer**az**   Álvar**ez**   Ru**iz**   Muñ**oz**   Cr**uz**

- **-ez(a)**   terminación de sustantivos abstractos

    rapid**ez**   timid**ez**   riqu**eza**   trist**eza**

Deletreo con las letras *ce, ci*

- La letra **c** frente a la letra **e** siempre tiene el sonido **/s/**.

    cerro   **ce**lebra   a**ce**ptar   ter**ce**ra

- La letra **c** frente a la letra **i** siempre tiene el sonido **/s/**.

    cien   condi**ci**ón   **ci**udad   tradi**ci**ón

E. Práctica con la escritura del sonido /s/. Al escuchar al narrador leer las siguientes palabras, escribe las letras que faltan en cada una.

1. expre __ __ __ __

2. abu __ __ __ __

3. fra __ __ __ __

4. varia __ __ __ __ es

5. pob __ __ __ __

6. cabe __ __ __ __

7. maravi __ __ __ __

8. zapat __ __ __ __

9. in __ __ __ __

10. nacional __ __ __ __

11. Ram __ __ __ __

12. impre __ __ __ __

13. ne __ __ __ __ rio

14. espe __ __ __ __ co

Escucha las siguientes palabras. Escribe cada una y ponle acento escrito a las palabras que lo requieren. Si no estás seguro dónde poner el acento escrito, divide la palabra en sílabas y subraya la sílaba con el golpe según las reglas que aprendiste para ayudarte a decidir. Cada palabra se dirá dos veces.

1. _____

2. _____

3. _____

4. _____

5. _____

6. _____

7. _____

8. _____

Dictado

Escucha el siguiente dictado e intenta escribir lo más que puedas. Escucha una vez más para revisar tu párrafo.

_____

_____

_____

_____

_____

_____

_____

_____

_____

_____

_____

_____

_____

¡A comunicar! en el mundo hispano

Gramática: 8.1 El subjuntivo en las cláusulas nominales

H. No hay que hacer justicia por mano propia. No te agrada el modo impersonal en que están redactadas las siguientes recomendaciones sobre modos de enfrentarse con problemas serios. Por eso decides expresarlas de modo personal con una cláusula nominal en el presente de subjuntivo, como en el modelo.

MODELO: Es importante tratar primero de resolver la dificultad de modo amistoso.
       Es importante que tratemos primero de resolver la dificultad de modo amistoso.

1. Es recomendable conversar con el adversario.

   _____ con el adversario.

2. Es esencial no vengarse.

   _____ .

3. Es necesario no hacer justicia por mano propia.

   _____ justicia por mano propia.

4. Es conveniente intentar negociaciones amistosas.

   _____ negociaciones amistosas.

5. Es aconsejable consultar un abogado.

   _____ un abogado.

6. Es bueno recurrir a la policía.

   _____ a la policía.

7. Es obligatorio seguir la vía legal.

   _____ la vía legal.

I. Crímenes horrorosos. Emplea el presente de indicativo o de subjuntivo para expresar las opiniones que tienen tú y tus compañeros sobre los crímenes de Juárez de los que habla el corrido que estudiaste en clase. Sigue el modelo.

MODELO: Es evidente que estos crímenes _____ (ser) horribles.
Es evidente que estos crímenes son horribles.

1. Yo dudo que criminales profesionales _____ (cometer) estos crímenes.

2. Yo no dudo que los culpables _____ (ir) a pagar.

3. No creo que los crímenes _____ (resolverse) alguna vez.

4. Estoy seguro(a) de que la policía _____ (esforzarse) por encontrar a los culpables.

5. No estoy seguro(a) de que la policía _____ (llegar) a aclarar estos crímenes.

6. No es cierto que estos _____ (ser) crímenes pasionales.

7. Yo estoy seguro(a) de que el número de crímenes _____ (disminuir).

J. Interés por la moda. Haz oraciones usando la información dada para saber qué le dices a tu amiga Vicky, quien se interesa por la moda. Sigue el modelo.

MODELO: es estupendo / tú interesarte en la moda
Es estupendo que tú te intereses en la moda.

1. me alegro / tú diseñar tu propia ropa

_____.

2. es increíble / tú hacer vestidos sin ayuda de ningún modelo

_____.

3. yo siento / tú no tener tu propia tienda de modas

_____.

4. estoy contento(a) / tú querer ser diseñadora de modas

_____.

5. es bueno / subscribirte a revistas de moda

_____.

6. es conveniente / tú averiguar dónde puedes estudiar diseño de modas

_____.

7. me sorprende / tú tener tanto talento artístico sin estudios

_____.

Gramática: 8.2 Pronombres relativos

K. La primera novela de la revolución mexicana. Completa el siguiente párrafo sobre la novela *Los de abajo* seleccionando el pronombre relativo apropiado.

La novela *Los de abajo* inicia un ciclo narrativo _____ (1. que, lo cual) se centra en la

historia de la revolución mexicana _____ (2. el que, que) tuvo lugar en 1910. Mariano

Azuela, _____ (3. quien, la cual) es el autor de la novela, participó activamente

en esta revolución, _____ (4. quienes, lo cual) le da a la narración un carácter de

testimonio realista. En la novela los acontecimientos giran en torno a Demetrio Macías, un mexicano

_____ (5. que, quien) se ha metido a revolucionario por una situación personal;

no es él una persona con _____ (6. que, quien) se pueda hablar de política porque

_____ (7. lo cual, lo que) él entiende de ese tema es muy poco; él no es un ideólogo. La

novela deja ver _____ (8. quien, que) el autor está desilusionado con la revolución en

_____ (9. la cual, quien) _____ (10. los que, que) más sufrieron fueron

los humildes, los de abajo.

L. Una historia de venganza. Completa cada oración con la forma apropiada del pronombre relativo
cuyo para mencionar algunos aspectos de la historia.

1. El cuento que leímos, _____ autor es Juan Rulfo, se llama "¡Diles que no me

   maten!".

2. Uno de los protagonistas, _____ nombre es Juvencio, ha matado a un hombre hace

   mucho tiempo.

3. Otro personaje, _____ función en la historia es secundaria, es un sargento que no

   quiere oír hablar de Juvencio.

4. Juvencio, _____ temores de tortura y muerte lo dominan, quiere que su hijo hable

   con el sargento.

5. El hijo de Juvencio, _____ familia no está en la cárcel, piensa que debe proteger a

   su familia.

6. Este cuento, _____ final no leímos, narra una historia de venganza.

Trabajando con un(a) compañero(a), túrnense para definir los siguientes términos que tienen que ver con la moda. Luego compartan sus definiciones con la clase para decidir qué pareja tiene la mejor definición.

MODELO: falda
Pieza de vestir de mujer que cuelga de la cintura y que cubre la parte inferior del cuerpo.

1. modisto(a)

_____

2. vestido de campana

_____

3. un(a) modelo (*la persona*)

_____

4. cuello de tortuga

_____

5. cinturón

_____

Gramática: 8.3 Mandatos formales y mandatos familiares

N. Posible tarea. La profesora se dirige a la clase empleando mandatos con Uds. para indicar qué tarea pueden hacer para ampliar el tema de los corridos. Completa sus frases. Sigue el modelo.

MODELO: _____ a la clase información sobre los corridos. (Presentar)
Presenten a la clase información sobre los corridos.

1. _____ más información sobre los corridos. (Buscar)

2. _____ a la clase un DVD con corridos. (Traer)

3. _____ cuáles son los temas preferidos de los corridos.
   (Averiguar)

4. _____ un trabajo de investigación sobre los corridos. (Hacer)

5. _____ la historia del corrido. (Investigar)

6. _____ la letra de algún corrido para la clase. (Escribir)

7. _____ a sus compañeros cuál es su corrido favorito y por qué,
   (Decirles)

O. Litigio en el campo. Emplea mandatos familiares para expresar lo que le dice don Lupe a su compadre Juvencio, personajes ambos del cuento de Juan Rulfo que leíste. Sigue el modelo.

MODELO: _____ tus animales. (Vigiliar)
Vigila tus animales.

1. _____ entrar tus animales en mis tierras. (No dejar)

2. _____ de tus animales. (Ocuparte)

3. _____ tus animales en tu terreno. (Mantener)

4. _____ tus animales a mis potreros. (No traer)

5. _____ a abrir la cerca. (No volver)

6. _____ que mate a tus animales. (No hacer)

7. _____ comprensivo. (Ser)

P. Consejos de compra. Emplea mandatos familiares para ver los consejos que le da Paula a su amiga Nina con respecto a compras de ropa. Sigue el modelo.

MODELO: _____ a cualquier tienda. (No ir)
No vayas a cualquier tienda.

1. _____ a la tienda "Esbeltísima". (Ir)

2. _____ hablar con Carol, una de las vendedoras. (Pedir)

3. _____ que vas de parte mía. (Decirle)

4. _____ a Carol lo que necesitas. (Explicarle)

5. _____ todos los modelos que quieras. (Probarte)

6. _____ tu tiempo antes de decidir. (Tomarte)

7. _____ a buscarme si quieres mi opinión. (Venir)

Gramática: Variantes coloquiales

Q. Crecimiento excesivo. Manolo te pide que revises lo que ha escrito sobre el crecimiento de la población de México y que hagas cualquier corrección que sea necesaria.

Es evidente que México esté viviendo una explosión demográfica a todo nivel. Es sorprendente que haiga hoy tantas metrópolis en México. Aseguran que hay más de treinta metrópolis en el país (en 1970 había sólo cuatro). A muchos les preocupa profundamente que la Ciudad de México tiene unos veinte millones de habitantes y que sigue creciendo. Creen que la calidad de vida con tantas personas no pueda ser buena. Es increíble que en la megalópolis formada por la Ciudad de México y sus alrededores (un 5% del territorio del país) se encuentra casi el 25% de la población nacional. Nadie duda que los organismos gubernamentales sean conscientes de los problemas del crecimiento y deseen resolverlos lo mejor posible.

R. Famoso actor mexicano. Tu amiga Kati te pide ayuda con la tarea que le dieron acerca del actor mexicano Gael García Bernal. Debe combinar dos oraciones en una sola empleando un pronombre relativo apropiado, como en el modelo.

MODELO: Gael García Bernal es un actor mexicano. Él ha pasado casi toda su vida frente a las cámaras.
Gael García Bernal es un actor mexicano que ha pasado casi toda su vida frente a las cámaras.

1. Comenzó su carrera con sus padres. Actuó con ellos en el teatro de Guadalajara.

   _____.

2. Hizo estudios en una escuela de dicción y drama. Esta escuela se encuentra en Londres.

   _____.

3. Actuó en la película *Amores perros*. En esta película fue el protagonista.

   _____.

4. En *Los diarios de motocicleta* hace el papel del Che Guevara. Éste viaja a través del continente sudamericano.

   _____.

   _____.

5. Tiene el papel de Santiago en la película *Babel*. El director de esta película es Alejandro González Iñárritu.

   _____.

   _____.

S. Pequeñas molestias. Tu amiga Tita quiere que revises la tarea que le han dado en la clase de español. La tarea es hacer una lista de mandatos que usas a menudo con tu compañero(a) de cuarto. Lee la lista y haz las correcciones necesarias. Algunas frases no necesitan cambios.

1. Habla en voz más baja. _____

2. Hace menos ruido, por favor. _____

3. No subes el volumen del televisor. _____

4. Limpia el baño porque te toca a ti. _____

5. Apagues la luz si no la usas. _____

6. No usas mi pasta dental. _____

7. No regreses tan tarde durante la semana. _____

Vocabulario activo: Moda y diseño

T. Lógica. En cada grupo de palabras, subraya aquélla que no esté relacionada con el resto del vocabulario activo que aprendiste en **Hablemos de carreras… en diseño y moda** del Capítulo 8. Luego explica brevemente por qué no está relacionada.

1. terciopelo / encaje / maquillaje / mezclilla / lino

   _____

2. accesorio / discreto / rústico / atrevido / clásico

   _____

3. maquillaje / vestido cruzado / mangas de pagoda / piel / cuello de tortuga

   _____

4. mangas / cuello / falda / cinturón / maniquí

   _____

5. de jamón / de otoño-invierno / de pagoda / de campana / de piezas

   _____
   _____

U. Moda y diseño. Usa el vocabulario activo que aprendiste en **Hablemos de carreras… en diseño y moda** al indicar tus preferencias en moda y diseño.

1. El estilo es muy importante para mí. Por ejemplo, cuando voy a una boda, siempre visto

   _____, cuando asisto a la sinfonía visto _____, cuando voy a un

   partido de fútbol visto _____ y cuando voy a la iglesia visto _____.

2. En cuanto a estilos de ropa, prefiero mangas _____ o _____,

   cuellos _____ o _____ y faldas _____ o

   _____.

3. La tela que llevas dice mucho de tu personalidad. Yo, por ejemplo, nunca llevo ni

   _____ ni _____. En cambio, con frecuencia me vas a ver en

   _____ o en vestidos _____ o _____.

4. Es muy importante vestir según tu edad. Una mujer mayor de edad nunca debería llevar un

   vestido _____ o de _____. A la vez, una niña jamás debería llevar

   cuello _____ o _____.

Cyberjournal

Consulta con tu profesor(a) si prefiere que hagas este diario digital en forma de correo electrónico o en un foro de discusión.

Tema: Escríbele una nota a tu profesor(a) sobre una persona que siempre tiene excusas para todo… porque no hace su trabajo, o no lo hace a tiempo. *o:* Dile cuándo tú crees que es apropiado crear excusas y cuando no es apropiado. Termina despidiéndote hasta la próxima ocasión.

Capítulo 9
Guatemala: El mundo indígena

¡Voces del mundo hispano!

A. Riqueza cultural: Activista indígena quiché. Ahora vas a conocer a una de las más reconocidas indígenas guatemaltecas. Escucha con atención y luego marca si cada oración que sigue es cierta (**C**) o falsa (**F**). Si es falsa, corrígela.

C F 1. Rigoberta Menchú nació en un pueblo quiché en el norte de Guatemala.

_____

C F 2. Su libro, *Me llamo Rigoberta Menchú y así me nació la conciencia,* cuenta la vida idílica de la niñez de Rigoberta Menchú.

_____

C F 3. Rigoberta recibió el Premio Nobel de Literatura por su biografía.

_____

C F 4. Regaló todos los recursos financieros que recibió del Premio Nobel a los indígenas guatemaltecos.

_____

C F 5. Su fundación se dedica a recuperar y enriquecer los valores humanos.

_____

B. Riqueza lingüística: La jerga guatemalteca. Ahora vas a escuchar unas oraciones con expresiones de la jerga de Guatemala. Escucha con cuidado y luego escríbelas, cambiando las expresiones de la jerga guatemalteca a un español más general.

1. _____

2. _____

3. _____

Acentuación y ortografía

Palabras parecidas: Sílabas enfatizadas

En el capítulo anterior trabajaste con varios pares de palabras en español que se escriben exactamente iguales excepto una lleva acento escrito y la otra no. Existe otra categoría de palabras parecidas que cambian de significado según la sílaba que se enfatiza, sea la que lleva el golpe o la que requiere acento escrito. A continuación aparece una lista de palabras parecidas de este tipo. Estudia la lista mientras escuchas. Presta atención a cómo cambia el significado cuando una lleva acento escrito y la otra no.

criticó	critico	crítico
animo	ánimo	animó
hábito	habito	habitó

C. ¿Cuál sílaba se enfatiza? Escucha estas palabras parecidas y escribe el acento escrito donde sea necesario.

1. publico   publico   publico
2. liquido   liquido   liquido
3. numero   numero   numero
4. pacifico   pacifico   pacifico
5. dialogo   dialogo   dialogo
6. equivoco   equivoco   equivoco
7. practico   practico   practico
8. titulo   titulo   titulo

D. Palabras parecidas. Ahora escucha estas oraciones y coloca el acento escrito sobre las palabras que lo requieran.

1. Se va a enfurecer si publico que el publico no mostró ningún interés cuando se publico su segunda novela.

2. Cada vez que practico este número me doy cuenta lo poco practico que es. No creo que el compositor lo practico lo suficiente para aprendérselo de memoria.

3. ¡Qué desastre! Dice que deposito mi deposito en el Banco Nacional. Pero yo sólo deposito en el Banco Nacionalista.

4. Lo pacifico contándole cómo el Océano Pacifico nos pacifico a todos, después del naufragio.

5. Dijo que si titulo mi poema con ese nombre, el titulo con que su hija titulo su obra va a tener que cambiar.

Pronunciación y ortografía

Los sonidos /g/ y /x/

En el capítulo anterior aprendiste que el sonido /s/ puede ser representado por las letras **s, c** o **z**. Ahora vas a ver como el sonido /g/ es un sonido fuerte que ocurre frente a las vocales **a, o, u**. Frente a las vocales **e, i** este sonido siempre se deletrea **gue, gui**.

El sonido /g/: Deletreo con la letra g

El deletreo con la letra **g** puede resultar problemático debido a que frente a las vocales **e, i** el sonido /g/, un sonido fuerte, siempre se escribe **gue, gui**. Al escuchar las siguientes palabras con el sonido /g/, observa cómo se escribe con mayor frecuencia este sonido.

ga	**ga**nancia	abo**ga**do	**Ga**lindo
gue	**gue**rra	si**gue**	Ar**gue**ta
gui	**gui**ón	al**gui**en	**Gui**llermo
go	**go**lpe	cate**go**ría	**Go**nzález
gu	**gu**apo	or**gu**lloso	**Gu**atemala

El sonido /x/: Deletreo con las letras g, j

El sonido /**x**/, similar al sonido de la **h** en inglés, con frecuencia resulta problemático debido a que tanto la letra **g** como la letra **j** representan este sonido cuando ocurren frente a la **e** o **i**. Al escuchar las siguientes palabras con el sonido /**x**/, un sonido suave, observa cómo se escribe con mayor frecuencia este sonido.

ge	**ge**nte	indí**ge**na	Ar**ge**ntina
gi	**gi**gante	ima**gi**nación	Re**gi**na
je	**je**rga	e**je**rcicio	**Je**rez
ji	**ji**nete	te**ji**do	**Ji**ménez

E. Deletreo con la *g* y la *j*. Escucha las siguientes palabras y escribe las letras que faltan en cada una.

1. obli __ __ do
2. má __ __ co
3. prote __ __ do
4. e __ __ rcito
5. Ri __ __ berta
6. __ __ errero
7. tradu __ __

8. tra __ __ dia
9. __ __ ego
10. emba __ __ da
11. conse __ __ __ r
12. fri __ __ les
13. __ __ neración
14. presti __ __ oso

Escucha este comentario sobre la situación actual en Guatemala y completa los espacios en blanco en las siguientes oraciones usando las letras **g** o **j.**

La indí__ena maya-quiché Ri__oberta Menchú, a quien le fue otor__ado el premio Nobel de la Paz en 1992, dice que un __ran número de personas murieron o desaparecieron en __uatemala a fines del si__lo XX. Ahora ella se dedica a for__ar un futuro me__or para los cinco millones y medio de indí__enas __uatemaltecos que han lo__rado conservar su cultura ancestral a pesar de tantos años de opresión. En el año 1997 el presidente Arzú y el líder de los __uerrilleros, Ricardo Morán, recibieron el premio de la paz de la UNESCO. En el año 2000 fue ele__ido presidente Alfonso Portillo, quien propuso un foro nacional para conse__uir una me__or comunicación entre __obierno y __obernados.

Dictado

G. El Popol Vuh. Escucha el siguiente dictado e intenta escribir lo más que puedas. Escucha una vez más para revisar tu párrafo.

_____

_____

_____

_____

_____

_____

_____

_____

_____

_____

_____

_____

¡A comunicar! en el mundo hispano

Gramática: 9.1 Presente de subjuntivo en cláusulas adjetivales

H. ¿Qué especialidad elegir? Completa cada oración con la forma apropiada del verbo que está entre paréntesis para saber qué tipo de especialidad le interesa a tu mejor amigo(a).

1. Mi mejor amigo(a) quiere una especialidad que no _____ (tener) demasiados prerrequisitos.

2. Prefiere una especialidad que _____ (poder) completar fácilmente en cuatro años o menos.

3. Desea una especialidad que _____ (llevar) directamente al mundo del trabajo.

4. Sueña con una especialidad en que no _____ (aparecer) las matemáticas.

5. Favorece una especialidad que _____ (estar) dentro del campo de las ciencias sociales.

6. Quiere una especialidad que le _____ (permitir) trabajar con la gente.

7. Prefiere una especialidad con la cual más tarde él (ella) _____ (contribuir) a mejorar la sociedad.

I. Objetos autóctonos. Completa cada oración con una cláusula adjetival para describir los siguientes objetos de las culturas amerindias. El modelo indica algunos modos de completar la oración.

MODELO: la quena es un instrumento musical que …
La quena es un instrumento musical que se asocia con los países andinos. o: La quena es un instrumento musical que se usa en la música andina. o: La quena es un instrumento musical que uno escucha en canciones andinas.

1. La cumbia es un baile que…

_____

_____

2. El arpa es un instrumento musical que…

_____

_____

3. Los huipiles son tejidos que…

_____

_____

4. El sombrero de jipi-japa es una prenda de vestir que…

_____

_____

5. Las molas son blusas que…

_____

_____

6. El sarape es una especie de manta que…

_____

_____

J. En busca de un tejido atractivo. Emplea el presente de indicativo o de subjuntivo para completar la siguiente narración acerca de Leo, quien está en el mercado de Chichicastenango buscando un regalo para su mamá.

Leo quiere encontrar un tejido que _____ (1. tener) colores vivos, en que

_____ (2. aparecer) un diseño interesante, que _____ (3. representar)

algún aspecto de la cultura guatemalteca, que _____ (4. poder) ser del gusto de

su mamá y que _____ (5. estar) al alcance de su presupuesto. Tiene suerte porque

ve un tejido magnífico que le gusta mucho. Es un tejido que _____ (6. tener) un

atractivo diseño geométrico, en que _____ (7. haber) colores vibrantes, en que

_____ (8. aparecer) un quetzal y que no _____ (9. costar) demasiado

dinero. Lo compró como regalo para su mamá.

Gramática: 9.2 Presente de subjuntivo en cláusulas adverbiales: Primer paso

K. ¿Robo de ideas? Completa cada oración con la forma apropiada del verbo que está entre paréntesis, para aprender algo del caso legal entre el programador guatemalteco Carlos Armando Amado y la compañía Microsoft.

1. El guatemalteco Carlos Armando Amado se inscribe en la Universidad de Stanford a fin de que se

   _____ (cumplir) sus sueños de graduarse en informática.

2. En caso de que él _____ (terminar) la carrera, él desea llegar a ser programador.

3. Él sabe que, a menos que _____ (ocurrir) algo inesperado, él va a graduarse en

   informática. Y se gradúa.

4. Sin que le _____ (costar) demasiado esfuerzo, Amado inventa un programa para

   facilitar los cálculos en los negocios.

5. Amado demuestra los méritos de su programa a Microsoft para que éste _____

   (adquirir) el programa. Microsoft no lo adquiere.

6. A menos que Amado _____ (estar) equivocado, él cree firmemente que Microsoft

   usa sus ideas sin pagarle.

7. Amado demanda a Microsoft a fin de que un juez _____ (obligar) a Microsoft a

   recompensarlo por sus ideas.

L. Veredicto: ¡Culpable! Completa cada oración con la forma apropiada del verbo que está entre paréntesis para enterarte del veredicto del juez sobre el caso entre Carlos Armando Amado y Microsoft.

1. El guatemalteco Carlos Armando Amado demanda al gigante Microsoft porque éste

   _____ (usar) las ideas del guatemalteco sin pagarle.

2. Como Microsoft no _____ (aceptar) la acusación de Amado, éste inicia un litigio

   legal.

3. Puesto que Amado _____ (tener) una patente de su producto, él desea que

   Microsoft respete esa patente o le pague por el uso de sus ideas.

4. Microsoft insiste que no tiene que pagar porque el producto que Microsoft _____

   (vender) no tiene ninguna idea de Carlos Armando Amado.

5. Un juez ordena que Microsoft le pague cerca de nueve millones de dólares a Carlos Armando

   Amado ya que el producto de Microsoft sí _____ (incluir) ideas de Amado.

6. La comunidad de los programadores está contenta porque en este litigio David de nuevo _____

   _____ (vencer) al gigante Goliat.

M. Futura programadora. Emplea el presente de indicativo o de subjuntivo de los verbos que están entre paréntesis para averiguar los planes que tienen Cecilia con respecto a su especialidad académica y su futura profesión.

Creo que quiero seguir una carrera en informática porque me _____ (1. fascinar) las

máquinas y su funcionamiento. Como me _____ (2. interesar) ser programadora,

he conversado con algunos profesores de mi universidad. La situación es compleja, me dicen; pero,

siempre que me _____ (3. dedicar) a mis estudios, no tendré problemas una vez que me

gradúe. Debo estar segura de que tengo la formación necesaria para esa especialidad, ya que muchos

estudiantes _____ (4. abandonar) la carrera después del primer semestre. A menos de

que yo no _____ (5. estar) bien preparada, esto no me va a pasar a mí. En caso de que

_____ (6. seguir) pensando seriamente en este campo, voy a seguir leyendo y hablando

con especialistas. Y antes de que yo _____ (7. tome) una decisión, voy a pensarlo muy

bien, puesto que no _____ (8. querer) cometer un error que me va a costar tiempo y

dinero.

Gramática: Variantes coloquiales

N. Es hora de cambiar de computadora. Tu amiga Elisa desea que mires el párrafo que ha escrito y que prestes atención al uso del indicativo y del subjuntivo en las cláusulas adjetivales; debes hacer las correcciones que consideres apropiadas.

La computadora que yo uso ahora es una computadora un poco antigua. Es una computadora en que

no puedo tocar DVDs. Es una computadora que no tenga un disco duro con mucha memoria y que no

me permita almacenar fotografías, por ejemplo. Quiero regalársela a alguien que puede usarla y a quien

le es útil, porque yo quiero comprarme una que es más moderna. Quiero una computadora portátil que

puedo llevar a la universidad y que tiene la memoria necesaria para que almacenar música y fotos.

O. El eclipse del sacerdote. Tu amigo Eladio te pide que leas y corrijas el párrafo que ha escrito con sus reacciones al cuento que leyó en esta lección. Debes prestar atención al uso del indicativo o del subjuntivo en las cláusulas adverbiales.

Yo creo que fray Bartolomé se considera superior porque él es europeo y quienes lo han hecho

prisionero sean indígenas. El sacerdote cree que va a morir, a menos que ocurre un milagro. Antes de

que los indígenas lo maten, decide hablarles en una lengua indígena. Como ve que los indígenas lo

entiendan, decide poner en práctica una idea en caso de que esa idea le permite salvarse. Puesto que,

según la ciencia europea, ese día va a ocurrir un eclipse de sol, el sacerdote usa esa información para

amenazar a los indígenas. En caso de que los indígenas lo matan, el sol se va a oscurecer, les informa. Sin

que nada detiene a los indígenas, éstos matan a fray Bartolomé. Los indígenas también saben del eclipse

porque sus astrónomos lo han predicho. Sin que los europeos los ayudan, los indígenas saben de todos

los eclipses pasados y futuros.

Vocabulario activo: Informática/computación

P. Lógica En cada grupo de palabras, subraya aquélla que no esté relacionada con el resto del vocabulario activo que aprendiste en **Hablemos de carreras de… informática/computación** del Capítulo 9. Luego explica brevemente por qué no está relacionada.

1. carpeta / megabait / documento / programa / aplicación

2. analista de computación / especialista en sistemas / programador / ordenador / ingeniero en soporte de sistemas

_____

3. módem / disco duro / cedé / devedé / disco óptico

_____

4. impresora / escáner / quemador de cedés / puerto USB / cámara de video

_____

5. archivar / borrar / descargar / guardar / escáner

_____

O. Informática/computación. Usa el vocabulario activo que aprendiste en **Hablemos de carreras de... informática/computación** del Capítulo 9 al indicar tus conocimientos trabajando con tu computadora.

1. Los _____ de ordenador o computadora se llaman también _____.

   Yo tengo todos mis _____ bien organizados dentro de _____.

2. Yo pagué por mi primer _____ 1200 dólares, y sólo podía escanear imágenes en

   blanco y negro a 72 pixeles por pulgada. Mi primera computadora no tenía _____,

   sólo un disco blando (*floppy*) y tenía sólo 512 _____ de memoria. Parece ridículo

   pero no lo es.

3. Mi _____ portátil hoy tiene 90 _____ de memoria en el

   disco duro y 512 _____ de memoria RAM. Me conecto a Internet con un

   _____ de línea ADSL.

4. _____ música gratis de Internet no siempre es ilegal. Algunos cantantes

   _____ algunas de sus canciones para sus *fans*.

Cyberjournal

Consulta con tu profesor(a) si prefiere que hagas este diario digital en forma de correo electrónico o en un foro de discusión.

Tema: ¿Con qué grupo indígena te identificas? Dile a tu profesor(a) cuál es y qué importancia tiene tu herencia indígena para ti. Si no te identificas con ningún grupo, explica por qué crees que eso es el caso y di con qué grupo te identificarías si pudieras escoger. Explica por qué seleccionarías ese grupo. Termina tu nota despidiéndote hasta la próxima ocasión.

Capítulo 10
Perú: El linaje de grandeza

¡Voces del mundo hispano!

A. Riqueza cultural: Cantante de fama internacional. Ahora vas a conocer a uno de los más populares cantantes de Perú. Escucha con atención y luego marca si cada oración que sigue es cierta **(C)** o falsa **(F).** Si es falsa, corrígela.

C F 1. A los dos años de edad, Gian Marco Zignago ya había cantado en la televisión argentina en Buenos Aires y en la venezolana en Caracas.

_____

C F 2. A los once años actuó en una obra musical al lado de su padre.

_____

C F 3. Gian Marco Zignago ha grabado más de media docena de discos.

_____

C F 4. Su música es popular no sólo en Perú sino a lo largo del mundo hispanohablante.

_____

C F 5. Ha grabado discos con grandes cantantes hispanos como Gloria Estefan y Jon Secada.

_____

Ahora vas a escuchar unas palabras en quechua que tienen su origen en el inglés. Escucha con cuidado y escribe la palabra del inglés que es el origen de cada palabra quechua.

1. _____

2. _____

3. _____

4. _____

5. _____

6. _____

Acentuación y ortografía

Palabras parecidas: *esta, ésta* y *está*

En el capítulo anterior trabajaste con palabras parecidas que cambian de significado según la sílaba que se enfatiza. Ahora vas a concentrarte en tres palabras parecidas: **esta, ésta** y **está**, que se pronuncian casi igual y, con la excepción del acento ortográfico, se escriben igual, pero tienen diferentes significado y función en la oración.

- La palabra **esta** es un adjetivo demostrativo que se usa para designar a una persona o cosa cercana.

  Esta artista es mejor conocida por su escultura.

  Toda **esta** información estadística es necesaria para resolver el problema.

- La palabra **ésta** es un pronombre demostrativo. Reemplaza un adjetivo demostrativo y su sustantivo.

  Ésta va a presentarse en el Palacio del Arzobispo.

  En mi primera visita a Nazca no vi las líneas desde la altura debida, en **ésta** he reservado un avión privado.

- La palabra **está** es una forma del verbo **estar.**

  Nazca **está** en el sur de Perú, en pleno desierto.

  Cuzco **está** a una altura mayor a la de Machu Picchu.

C. Práctica con esta, ésta y está. Escucha las siguientes oraciones. Indica si lo que oyes es el adjetivo demostrativo **esta**, el pronombre demostrativo **ésta** o el verbo **está**.

	esta	ésta	está
1.	❏	❏	❏
2.	❏	❏	❏
3.	❏	❏	❏
4.	❏	❏	❏
5.	❏	❏	❏
6.	❏	❏	❏

D. Palabras parecidas. Ahora escucha estas oraciones y coloca el acento escrito sobre las palabras que lo requieran.

1. Esta blusa esta rota. Esta es la que debes comprar.

2. Esta contentísima porque esta es la canción que esta indicada número uno por todo el país.

3. Esta, hermano, es para ti, pero ten cuidado porque no esta funcionando bien.

4. Esta en Lima toda esta semana.

5. Esta es demasiado cara. Esta aquí, en cambio, esta perfecta para mi hija.

Pronunciación y ortografía

Los sonidos de la letra *y*

Aquí vas a ver cómo la letra **y** tiene dos sonidos: el sonido /i/ cuando la **y** ocurre sola o al final de una palabra y el sonido /y/ en todos los otros casos. Este último sonido puede variar, acercándose en algunas regiones al sonido *sh* del inglés. Observa el deletreo de estos sonidos al escuchar al narrador leer las siguientes palabras[*].

/i/	/y/
y	payaso
voy	suyo
Monterrey	yerno
Paraguay	ayudar
muy	reyes

El sonido /y/: Deletreo con las letras *y, ll*

La letra **y** siempre se escribe en ciertas palabras y formas verbales y en ciertas combinaciones.

- En ciertas palabras que empiezan con **a**:

ayuda	ayuno	ayuntamiento
ayer	aymara	ayudante

- En formas verbales cuando la letra **i** ocurriría entre dos vocales y no se acentuaría:

leyendo (de leer)	oyen (de oír)
haya (de haber)	cayó (de caer)

- Cuando el sonido /i/ ocurre al final de una palabra y no se acentúa. El plural de sustantivos en esta categoría también se escribe con **y**.

soy	buey	ley
estoy	bueyes	leyes

La letra **ll** siempre se escribe con ciertos sufijos y terminaciones.

- Con las terminaciones **-ella** y **-ello:**

bella	estrella	cuello
doncella	cabello	sello

- Con los diminutivos **-illo, -illa, -cillo** y **-cilla:**

chiquillo	conejillo	ratoncillo
picadillo	calzoncillo	chiquilla

---

[*]Se llama **yeísmo** a la pronunciación del sonido /y/ cuando es idéntica en palabras que se escriben con **y** o con **ll**, por ejemplo **haya = halla**; se llama **lleísmo** cuando esta pronunciación varía.

Escucha al narrador leer las siguientes palabras y escribe las letras que faltan en cada una.

1. torti __ __ __

2. __ __ __ no

3. ma __ __ __ ía

4. bata __ __ __

5. Urug __ __ __

6. virre __ __ __

7. pesadi __ __ __

8. hu __ __ __ do

9. a __ __ __ ante

10. s __ __

11. caudi __ __ __

12. ori __ __ __

13. le __ __ __

14. ens __ __ __

F. Los incas. Escucha este comentario sobre los incas y completa los espacios en blanco en las siguientes oraciones usando las letras **y** o **ll**.

Los incas fueron maravi__osos arquitectos. Constru__eron la ma__oría de sus ciudades y ca__es o

caminos en total armonía con la naturaleza que los rodeaba, en uno de los terrenos más difíciles, los

Andes. Desarro__aron sus edificios principalmente ta__ando piedras gigantescas, a pesar de que no

tenían la a__uda de la rueda ni el apo__o de la maquinaria moderna que facilita ese trabajo ho__ día.

Es impresionante, para los mi__ones de turistas que __egan a Perú cada año, ver que esas maravi__as

sobreviven todavía, a pesar de estar en una zona de frecuentes terremotos.

Dictado

G. Los Señores de Sipán. Escucha el siguiente dictado e intenta escribir lo más que puedas. Escucha una vez más para revisar tu párrafo.

_____
_____
_____
_____
_____
_____
_____
_____
_____
_____
_____

¡A comunicar! en el mundo hispano

Gramática: 10.1 Presente de subjuntivo en cláusulas adverbiales: Segundo paso

H. Festividad religiosa. El próximo mes de febrero viajarás a Perú para asistir a las celebraciones de la Virgen de la Candelaria en Puno, cerca del lago Titicaca. Usando el presente de subjuntivo, hablas de esa próxima experiencia. Sigue el modelo.

MODELO: Estaré muy contento cuando _____ (llegar) el mes de febrero.
Estaré muy contento cuando llegue el mes de febrero.

1. Tan pronto como _____ (comenzar) el mes, voy a volar a Perú.

2. Mientras _____ (estar) en Perú, pasaré la mayor parte del tiempo en Puno.

3. Estaré en Puno mientras _____ (durar) la Festividad de la Virgen de la Candelaria.

4. Me quedaré allí hasta que _____ (terminar) estas fiestas.

5. Tan pronto como _____ (iniciarse) el festival estaré muy ocupado todos los días.

6. En cuanto _____ (venir) el día del concurso de danzas, trataré de ver tantos conjuntos de danzas como pueda.

7. Después de que _____ (finalizar) este festival, pasaré unos días en la región amazónica.

Un amigo que asiste regularmente a la Festividad de la Virgen de la Candelaria, te habla de esa experiencia. Completa las frases con el presente de indicativo o de subjuntivo, según convenga, del verbo entre paréntesis.

1. Cada año, en cuanto se _____ (acabar) el mes de diciembre, yo comienzo a hacer

   preparativos para mi viaje a Perú.

2. Y cada vez, después de que _____ (poner) pie en Lima, voy muy pronto a la ciudad

   de Puno.

3. Cuando _____ (ser) el día del concurso de danzas, yo paso todo el día mirando a

   los danzarines.

4. Todos los años yo me emociono mucho cuando _____ (llegar) el último día de la

   festividad.

5. Tan pronto como _____ (concluir) la festividad yo ya estoy pensando en la

   festividad del año que viene.

J. La pareja ideal. Usa el presente de indicativo o de subjuntivo, según convenga, para completar este diálogo entre dos novios.

ELLA: El fin de semana que tú acabas de planear fue un fracaso. El fin de semana que viene vamos a

   hacer todo como yo lo (1) _____ (planear).

ÉL: Como tú (2) _____ (decir), mi cielo.

ELLA: Vamos a ir donde yo (3) _____ (saber) que a mí gusta y a ti también te gusta.

ÉL: Podemos ir a ese lugar o a cualquier otro lugar; iremos donde tú (4) _____

   (querer) ir, mi amor.

ELLA: ¡Qué bueno que tú pienses como yo (5) _____ (pensar)! Según lo que yo (6)

   _____ (ver), vamos a ser una pareja muy feliz.

Gramática: 10.2 El futuro: Verbos regulares e irregulares

K. ¿Y qué haremos después de que nos graduemos? Usando el futuro, tú y tus compañeros dicen lo que harán una vez que se gradúen. Sigue el modelo.

MODELO: _____ (celebrar) con una gran fiesta en mi familia
   Celebraré con una gran fiesta en mi familia.

1. _____ (buscar) un trabajo de tiempo completo

2. _____ (salir) de vacaciones

3. _____ (seguir) estudios graduados

4. _____ (hacer) un viaje por Sudamérica

5. _____ (descansar) una semanas para pensar en mi siguiente paso

6. _____ (servir) como voluntario en una organización multinacional

7. _____ (solicitar) trabajos en países de habla hispana

L. ¿El ocaso del imperio de EE.UU.? Tú y tus compañeros hacen suposiciones acerca de la posición de EE.UU. en el mundo en el curso del siglo XXI. Usa el futuro para expresar estas posibilidades, como en el modelo.

MODELO: El imperio de EE.UU. _____ (seguir) durante todo el siglo.
El imperio de EE.UU. seguirá durante todo el siglo.

1. EE.UU. _____ (perder) su posición de líder mundial en el curso del siglo XXI.

2. En el curso del siglo no _____ (haber) un solo imperio, sino muchos imperios.

3. Yo creo que a fines del siglo nadie _____ (saber) quién es el líder mundial real.

4. En este siglo XXI el imperio de EE.UU. _____ (caer).

5. Yo pienso que EE.UU. _____ (mantener) la posición que tiene hoy.

6. EE.UU. _____ (imponer) sus valores en todo el mundo.

7. EE.UU. _____ (tener) la misma posición que ocupa hoy a nivel mundial.

8. La posición imperial de EE.UU. _____ (ser) criticada cada vez más.

9. En el curso del siglo XXI _____ (aparecer) nuevos imperios.

10. ¿otras suposiciones?

M. Futuro inmediato. Tu amigo Jack te pide que lo ayudes con una tarea de su clase de español. Debe reemplazar cada forma del futuro con la forma equivalente de **ir** + **a** + el infinitivo del verbo, como en el modelo.

MODELO: Muy pronto mi vida _____. (cambiará)
Muy pronto mi vida va a cambiar.

1. La semana que viene _____ un nuevo trabajo. (comenzaré)

2. Como este trabajo está lejos de mi casa _____ que conducir cada día. (tendré)

3. Además, _____ levantarme bastante temprano ya que debo estar en el trabajo a las siete de la mañana. (necesitaré)

4. Levantarme temprano es algo que _____. (me desagradará)

5. _____ de adaptarme lo mejor que pueda. (Trataré)

6. Pero si no me gusta el nuevo trabajo _____ otro que me agrade más. (buscaré)

Gramática: 10.3 El condicional: Verbos regulares e irregulares

N. Lo que me gustaría hacer en Perú. Para tener ideas de lo que podrían hacer en Perú, unos amigos te piden que les digas lo que tú harías, de estar allí un par de semanas.

MODELO: No _____ (pasar) todo el tiempo en Lima.
   No pasaría todo el tiempo en Lima.

1. _____ (pasearme) por la parte colonial de Lima.

2. No _____ (dejar) de ver el Cuzco, la capital del imperio inca.

3. _____ (visitar) Machu Picchu.

4. _____ (hacer) el recorrido del Valle Sagrado de los incas.

5. _____ (asistir) a alguna festividad religiosa.

6. _____ (subirme) a una avioneta para ver las líneas de Nazca.

7. _____ (salir) hacia la costa norte para ver la tumba del señor de Sipán.

8. _____ (querer) navegar por el río Amazonas.

O. Las palabras de Esteban. Tú y tus amigos han quedado de juntarse con Esteban. Sin embargo, ninguno recuerda exactamente lo que Esteban dijo. Cada uno indica lo que cree que Esteban dijo. Completa las frases con la forma apropiada del verbo entre paréntesis. Sigue el modelo.

MODELO: Esteban dijo que _____ (llegar) a las diez.
   Esteban dijo que llegaría a las diez.

1. Esteban dijo que _____ (llegar) a las doce.

2. Esteban dijo que _____ (venir) entre las diez y las doce.

3. Esteban dijo que _____ (esperarnos) en su casa a las diez.

4. Esteban dijo que _____ (salir) de su casa a las doce.

5. Esteban dijo que _____ (aparecerse) por aquí, sin decir la hora.

P. Sentencia de muerte. Usando el condicional, tú y tus compañeros dan posibles razones de por qué el tesorero Riquelme votó a favor de la pena de muerte para el Inca Atahualpa. Sigue el modelo.

MODELO: _____ (detestar) a los incas.
   Detestaría a los incas.

1. _____ (odiar) a Atahualpa.

2. _____ (temer) a todos los extranjeros.

3. _____ (envidiar) a Atahualpa por su inteligencia.

4. _____ (tener) resentimiento contra Atahualpa por saber jugar al ajedrez

   mejor que él.

5. No _____ (olvidar) su derrota en el juego de ajedrez.

6. _____ (pensar) que todo prisionero debe morir.

Gramática: Variantes coloquiales

Q. Recomendaciones de viaje. Le pides a tu amiga Carmen que lea los consejos que le das a un amigo para viajar dentro de Perú, y le dices que preste especial atención al uso de indicativo o de subjuntivo en las cláusulas adverbiales.

En unas semanas, cuando necesitas viajar desde Lima hacia el norte puedes tomar el avión o el autobús, como te lo permita tu presupuesto. Por supuesto, aunque el avión cueste más, te lleva allí rápidamente. Sin embargo, te aconsejo que vayas en autobús porque aunque el autobús sea más lento, es también mucho más barato. Según lo que me cuentan mis amigos, hay autobuses de lujo muy cómodos. Trujillo, donde tú quieras ir, tiene un buen servicio de autobuses. Y puedes salir en cualquier momento, cuando tú deseas, sin necesidad de hacer reservaciones.

R. Intenciones de verano. Tu amigo Felipe te pide que leas el párrafo que ha escrito sobre sus planes de verano; desea que prestes atención a las formas del futuro y que hagas cualquier corrección que sea apropiada.

Me fascina el ajedrez y este verano, como teneré mucho tiempo libre, lo aprenderé. Le pediré a mi amiga Carol que me explique las reglas. Las captaré rápidamente porque poneré mucha atención. La práctica de este juego me mantenerá muy ocupado. Creo que hacia el final del verano todos quedrán jugar conmigo porque llegaré a ser un excelente jugador.

S. ¡Cómo me gustaría tener más tiempo libre! Tu amiga Berta te pide que leas lo que ha escrito sobre cosas que le gustaría hacer. Te pide que prestes atención a las formas del condicional.

De tener tiempo yo quedría hacer muchas cosas que me agradan. Yo saldría más a menudo con mis amigos. De vez en cuando tocaría la guitarra o incluso componería una canción. Traería a casa modelos para armar en noches de invierno. En verano, hacería esquí acuático o practicaría el rafting. Ay, tantas cosas que podería hacer y no puedo.

Vocabulario activo: Economía o comercio

T. Lógica. En cada grupo de palabras, subraya aquélla que no esté relacionada con el resto del vocabulario activo que aprendiste en **Hablemos de carreras de... economía o comercio** del Capítulo 10. Luego explica brevemente por qué no está relacionada.

1. bolsa / accionista / existencias / cuenta corriente / dividendo

   _____

2. balance / impuesto / ahorro / acreedor / crédito

   _____

3. prestamista / bienes de consumo / amortización / préstamo / autofinanciación

   _____

4. acción / consumidor / descuento / fabricante / deflación

   _____

5. al por mayor / fijo / ganancias / al contado / al por menor

   _____

U. Economía y comercio. Usa el vocabulario activo que aprendiste en **Hablemos de carreras de... economía o comercio** del Capítulo 10 al hablar de estos temas relacionados con los negocios.

1. Para la adquisición de nuestra casa necesitamos un _____ y ahora es un buen momento porque los intereses están bien bajos. La _____ a 15 años es más conveniente que la de 30 años, aunque los pagos son más altos. Si encontramos un _____ que tenga unas condiciones razonables, lo haremos.

2. En este banco podemos ofrecerle una _____ por 10 dólares al mes. Esta cuenta no produce intereses a su favor. También tenemos una cuenta de _____, gratis, que produce un 2% anual. Con su cuenta, usted podrá consultar su _____ a través de Internet. Si abre la cuenta hoy, le regalaremos los primeros mil _____.

3. Rosario y Francisco son _____ de esa compañía. Cada uno posee 5.000 acciones. Como cada acción tiene una _____ de 10 dólares, tienen 50.000 dólares invertidos, y reciben unos _____ de 3.000 dólares cada semestre. Por desgracia, la _____ del dólar ha hecho que sus inversiones no estén dando tantos beneficios.

4. Quiero abrir una tienda _____, al estilo de Costco u otros almacenes mayoristas. Si logro minimizar los _____ y maximizar los _____, tendré un gran _____ y podré pensar en abrir otras tiendas similares.

Cyberjournal

Consulta con tu profesor(a) si prefiere que hagas este diario digital en forma de correo electrónico o en un foro de discusión.

Tema: Escríbele a tu profesor(a) y cuéntale una situación en la que pudiste ayudar a alguien y lo hiciste o no lo hiciste. Explica por qué decidiste hacerlo o no hacerlo y también cómo te sentiste. Termina tu nota despidiéndote hasta la próxima ocasión.

Nombre_____ Fecha _____

¡Voces del mundo hispano!

A. Riqueza cultural: Venerado poeta chileno. Ahora vas a conocer a uno de los más respetados poetas chilenos. Escucha con atención y luego marca si cada oración que sigue es cierta **(C)** o falsa **(F).** Si es falsa, corrígela.

C F **1.** La madre de Pablo Neruda falleció un mes después de nacer su hijo Neftalí Reyes Basoalto.

_____

C F **2.** Pablo Neruda se convirtió en uno de los poetas más destacados a los quince años cuando publicó su primer libro.

_____

C F **3.** Neruda defendió su país en Asia, Latinoamérica y España mientras servía en el ejército chileno.

_____

C F **4.** En 1970 ganó la presidencia de su país como candidato del partido comunista chileno.

_____

C F **5.** En 1971, dos años antes de morir, recibió el Premio Nobel de Literatura y el Premio Lenin de la Paz.

_____

Ahora vas a escuchar unas oraciones con expresiones de la jerga de Chile. Escucha con cuidado y luego escríbelas, cambiando las expresiones de la jerga chilena a un español más general.

1. _____

2. _____

3. _____

Acentuación y ortografía

Palabras parecidas: *a*, *ah* y *ha*

Además de ser una vocal, el sonido /a/ también es tres palabras distintas: **a, ah** y **ha**. Es fácil confundir estas tres palabras si no prestas atención a sus significados.

- La palabra **a** tiene varios usos. Algunos de los más comunes son:

    Dirección: Van **a** las montañas este fin de semana.

    Movimiento: Mi padre caminaba **a** la escuela todos los días, más de cinco millas ida y vuelta.

    Hora: Vamos a servir la cena **a** las diez y media.

- La palabra **ah** es una exclamación de sorpresa, admiración o pena.

    ¡**Ah**! ¿Cuando llegaste?

    ¡**Ah**, te ves hermosa! ¿Dónde compraste ese vestido?

    ¡**Ah**, qué lástima! ¿Qué van a hacer ahora?

- La palabra **ha** es una forma del verbo auxiliar **haber.** Seguida de la preposición **de**, significa **deber de, ser necesario.**

    Hace más de un mes que no **ha** escrito.

    Pues, **ha de** llamar este fin de semana, ¿no crees?

Escucha las siguientes oraciones. Indica si lo que oyes es la preposición **a**, la exclamación **ah** o el verbo auxiliar **ha**.

	a	ah	ha
1.	❏	❏	❏
2.	❏	❏	❏
3.	❏	❏	❏
4.	❏	❏	❏
5.	❏	❏	❏
6.	❏	❏	❏

Escucha estas oraciones y escribe **a, ah** o **ha**, según corresponda.

1. El artista chileno Robert Matta, _____ quien conocí en Nueva York, es considerado como el máximo exponente del surrealismo latinoamericano.

2. Esta noche _____ las siete y media hay una recepción especial para él en el Museo de Bellas Artes.

3. ¡_____, es interesantísimo como mezcla los colores!

4. Roberto Matta _____ vivido en Francia y en los París, y en los Estados Unidos.

5. Su arte, una verdadera explosión de colores, _____ tenido un gran impacto en el movimiento del expresionismo abstracto en Estados Unidos.

Pronunciación y ortografía

Deletreo con las letras *b* y *v*

La **b** y la **v** resultan problemáticas porque las dos se pronuncian de la misma manera. Además, el sonido de ambas varía entre un sonido fuerte /b/ y uno suave /ß/ en relación al lugar de la palabra en donde ocurra.

El sonido fuerte /b/: Deletreo con las letras *b, v*

Cuando la **b** o la **v** están al comienzo de la oración o frase, o sea después de una pausa, tienen el sonido fuerte /b/ — tal como el sonido de la *b* en inglés.
—¿Sabes? **V**oy a Chile pronto. **V**eré a unos parientes.
—¡**B**uen viaje! **B**aila una cueca por lo menos.

También la b o la v tienen el sonido fuerte /b/ cuando están después de la **m** o la **n**.

cam**b**io	em**b**orrachar	en**v**ío	sin**v**ergüenza

El sonido suave /ß/: Deletreo con las letras *b, v*

En los demás casos, en particular cuando la **b** y la **v** están entre vocales, siempre tienen el mismo sonido suave /ß/.

ca**b**eza	culti**v**ar	rá**b**ano	ser**v**icio
ha**b**er	a **v**er	la **b**anda	ju**v**entud

E. Deletreo con la *b* y la *v* Escucha las siguientes palabras y escribe las letras que faltan en cada una.

1. o__ligado

2. __i__lioteca

3. em__ajada

4. inter__ención

5. in__encible

6. cu__ano

7. o__ligación

8. re__isión

9. o__jetivo

10. ad__ertencia

11. con__encer

12. li__rería

13. con__ención

14. em__ajador

F. Gabriela Mistral. Escucha esta descripción y completa los espacios en blanco en las siguientes oraciones usando las letras **b** o **v**.

Ga__riela Mistral, cuyo __erdadero nom__re es Lucila Godoy Alcayaga, era una po__re maestra rural que a los treinta años ya ha__ía alcanzado fama internacional como educadora. En 1922, el famoso reformista de la educación mexicana, José __asconcelos, la in__itó a México para cola__orar en la reforma docente del país. Ese mismo año pu__licó su primer y, según muchos, su mejor li__ro de poesía, *Desolación*. En él ha__la de la tristeza y soledad que siente por la pérdida de su amado. Su segundo li__ro, *Ternura*, canta el amor a todos los seres __i__os. En su tercera pu__licación, *Tala*, __uel__e hacia el hom__re y la naturaleza y en su último li__ro, *Lagar,* expresa un amor más intenso e íntimo.

Dictado

G. Isabel Allende. Escucha el siguiente dictado e intenta escribir lo más que puedas. Escucha una vez más para revisar tu párrafo.

_____

_____

_____

_____

_____

_____

_____

_____

_____

_____

_____

_____

_____

¡A comunicar! en el mundo hispano

Gramática: 11.1 Imperfecto de subjuntivo: Formas y cláusulas con *si*

H. Aprender jerga. Le das consejos a un amigo a quien le gustaría aprender la jerga chilena. Sigue el modelo.

MODELO: Aprenderías la jerga chilena si _____ (vivir) en Chile por un cierto tiempo.
               Aprenderías la jerga chilena si vivieras en Chile por un cierto tiempo.

   1.   Aprenderías la jerga chilena si _____ (juntarte) con jóvenes chilenos.

2. Aprenderías la jerga chilena si _____ (mirar) películas chilenas en que se use esa jerga.

3. Aprenderías la jerga chilena si _____ (buscar) diccionarios o glosarios de esa jerga.

4. Aprenderías la jerga chilena si _____ (ver) programas de televisión con personajes chilenos.

5. Aprenderías la jerga chilena si _____ (pedir) información a tu profesor(a) sobre esa jerga.

I. Para bailar la cueca. Tú mencionas las sugerencias que les dabas a amigos que querían aprender a bailar la cueca.

MODELO: Yo les sugería que _____ (mirar) videos de cueca.
        Yo les sugería que miraran videos de cueca.

1. Yo les sugería que _____ (buscar) un amigo o amiga que supiera bailar la cueca.

2. Yo les sugería que _____ (pedirle) a ese amigo o amiga que les diera unas lecciones.

3. Yo les sugería que _____ (practicar) los pasos constantemente sin pareja.

4. Yo les sugería que _____ (repasar) los pasos bien con una pareja.

5. Yo les sugería que _____ (seguir) cursos en una academia de baile de ser necesario.

J. Para escribir un informe. Completa con el imperfecto de subjuntivo del verbo indicado entre paréntesis para ver qué consejos le dio Gabriela a su amigo René acerca de cómo escribir un informe sobre un tema de su elección.

Le dije a René que _____ (1. pensar) en un tema que _____ (2. ser) interesante para él y que _____ (3. poner) por escrito las ideas que se le _____ (4. ocurrir) sobre ese tema. Le sugerí que se _____ (5. sentir) libre de poner esas ideas en cualquier orden. También le aconsejé que _____ (6. leer) artículos sobre el tema si los encontraba. Cuando _____ (7. tener) una buena cantidad de ideas, le sugerí que _____ (8. hacer) un borrador y que luego le _____ (9. pedir) a un compañero que le _____ (10. decir) qué tal le parecía su trabajo. Con las sugerencias del compañero, además de las revisiones que le _____ (11. venir) a la mente a él, tendría un producto final o estaría muy cerca de ese producto final.

Gramática: 11.2 Imperfecto de subjuntivo en cláusulas nominales y adjetivales

K. Dificultades de un director de cine. Completa cada oración con el imperfecto de subjuntivo del verbo indicado entre paréntesis para saber lo que tuvo que hacer un cineasta chileno para completar una película.

1. Fue importante que no me _____ (desanimar).

2. Fue esencial que _____ (escribir) el guión varias veces.

3. Fue preciso que _____ (mantener) inspirados a los actores.

4. Fue necesario que _____ (pedir) préstamos para financiar la película.

5. Fue bueno que _____ (recibir) apoyo económico de instituciones gubernamentales.

6. Fue obligatorio que _____ (terminar) la película a tiempo.

7. Fue una lástima que _____ (costar) tanto promocionar la película en el extranjero.

L. La historia que yo escribiría. Completa cada oración con el imperfecto de subjuntivo del verbo que está entre paréntesis para saber el tipo de historia que a ti y a tus compañeros les gustaría escribir.

1. A mí me gustaría escribir una historia que _____ (estar) ambientada en la época de la independencia de Chile.

2. A mí me gustaría escribir un drama que _____ (mantener) en suspenso a los lectores.

3. A mí me gustaría escribir cuento infantil que les _____ (gustar) a todos los niños.

4. A mí me gustaría escribir una historia policial que _____ (desafiar) la inteligencia de los lectores.

5. A mí me gustaría escribir una obra de teatro que _____ (hacer) pensar al público.

6. A mí me gustaría escribir una novela en que _____ (haber) múltiples interpretaciones de los mismos hechos.

7. A mí me gustaría escribir historias de amor que _____ (tener) un final feliz.

M. Candidato ideal. Selecciona el imperfecto de indicativo o de subjuntivo, según convenga, para completar estas opiniones que te dan tus amigos chilenos sobre el tipo de candidato que pedían y el que obtuvieron en las últimas elecciones.

1. Los chilenos querían un candidato en quien (podían, pudieran) confiar.

2. Los chilenos deseaban un candidato que (tenía, tuviera) experiencia política.

3. Los chilenos eligieron un candidato que (tenía, tuviera) experiencia política.

4. Los chilenos optaron por un candidato que (resguardaba, resguardara) los derechos civiles.

5. Los chilenos querían un candidato que (continuaba, continuara) la política social del gobierno anterior.

6. Los chilenos seleccionaron un candidato que (continuaba, continuara) la política social del gobierno anterior.

7. Los chilenos deseaban un candidato que se (preocupaba, preocupara) de los grupos minoritarios del país.

8. Los chilenos querían un candidato que (mostraba, mostrara) independencia con respecto a las grandes potencias.

Gramática: 11.3 Imperfecto de subjuntivo en cláusulas adverbiales

N. Estadía reciente en Chile. Completa cada oración con el imperfecto de subjuntivo del verbo que aparece entre paréntesis para saber cuándo estuvieron en Chile unos amigos tuyos.

1. Yo estuve en Chile antes de que Michelle Bachelet _____ (aceptar) ser candidata a la presidencia.

2. Yo fui a Chile antes de que Michelle Bachelet _____ (terminar) su campaña política.

3. Yo salí de Chile antes de que _____ (tener) lugar la primera vuelta de las elecciones.

4. Yo entré a Chile antes de que Michelle Bachelet _____ (ganar) la segunda vuelta de las elecciones.

5. Yo viajé a Chile antes de que Michelle Bachelet _____ (cumplir) tres meses en su cargo.

6. Yo llegué a Chile antes de que Michelle Bachelet _____ (prestar) juramento como presidenta.

Completa las ideas que tú y tus compañeros expresan acerca de la carrera literaria de la autora de "Papelucho". Emplea el imperfecto de subjuntivo del verbo que aparece entre paréntesis.

1. Yo creo que Marcela Paz escribió las historias de Papelucho para que los niños

   _____ (gozar).

2. Yo creo que las escribió para que los adultos también se _____ (deleitar).

3. Sí, las escribió para que los adultos _____ (volver) a ser niños.

4. Yo pienso que ella escribía por gusto, sin que nadie la _____ (obligar) a hacerlo.

5. Yo me imagino que ella no se sentía satisfecha a menos que _____ (escribir).

6. Yo creo que ella no quedaba contenta hasta que no _____ (contar) otra historia.

7. Yo creo que ella escribía a fin de que sus ideas y sus sentimientos _____ (tener) un

   escape.

P. Ayuda. Tienes una fiesta el sábado que viene. Tus amigos te dicen si pueden o no venir a ayudarte con los preparativos. Completa con el imperfecto de indicativo o de subjuntivo, según convenga.

1. Graciela me dijo que llegaría tan pronto como _____ (desocuparse) en su casa.

2. Adriana me dijo que no vendría porque su padre no _____ (sentirse) bien y ella

   _____ (necesitar) cuidarlo.

3. Guillermo me dijo que llegaría después de que las clases _____ (terminar).

4. Ramiro me dijo que llegaría tarde ya que _____ (trabajar) horas extras.

5. Laura me dijo que llegaría antes de que _____ (comenzar) a llegar los invitados.

6. Horacio y David me dijeron que vendrían después de que _____ (hacer) unas

   compras.

Gramática: Variantes coloquiales

Q. Guiando a un votante. Le pides a tu amigo Hernán que lea lo que has escrito sobre un votante que necesitaba direcciones y que corrija cualquier uso del subjuntivo que no sea apropiado.

Ayer una persona que necesitaba votar me preguntó dónde estaba el lugar de votación más cercano.

Le recomendé que vaya a uno que no estaba muy lejos. Le dije que andara hasta el fin de la manzana,

que doblara a la derecha, y que seguiera derecho por dos cuadras. Cuando llegue al final de esa segunda

cuadra iba a ver una fila bien larga. Estando allí, era imposible que le cabieran dudas sobre dónde podía

él votar. Si por casualidad se perdería, podría preguntar de nuevo sobre el lugar de votación.

R. Época sombría. Has puesto por escrito lo que te contó el padre de un amigo chileno acerca de la vida en Chile durante la dictadura de hace unos años. Le pides a tu amiga Teresa que lea lo que has escrito y que haga las correcciones apropiadas.

Fue muy triste que la gente tenía que vivir bajo un régimen dictatorial. Dolía saber que había personas

que desaparecieran o murieran. Uno casi podía oler el terror que se respirara por todas partes. Queríamos

que respeten nuestras libertades individuales, pero eso no ocurría. No dudábamos que fuéramos

prisioneros en nuestra propia casa. Fue doloroso que no podíamos confiar en nadie. Es una época que

todos querríamos que se borrrara de nuestra mente.

S. Candidata reacia. Muchos amigos creen que Sara tiene condiciones de líder y querrían que fuera candidata a presidenta en las próximas elecciones estudiantiles. Selecciona el tiempo verbal apropiado para saber lo que piensa Sara acerca de una posible participación en la política estudiantil.

Yo participaría en política porque _____ (1. es, sea) un campo que me apasiona.

No participaría en este momento sino cuando _____ (2. esté, estuviera)

menos ocupada con mis estudios. Además, participaría siempre que mis amigos me

_____ (3. ayudaran, ayudarían) a organizar la campaña política. Por supuesto,

en caso de que _____ (4. hay, hubiera) asuntos importantísimos para todos

los estudiantes, yo no pensaría mucho y empezaría mi campaña. Aunque mis estudios

_____ (5. podrían, pudieran) resentirse, valdría la pena luchar por ideas productivas.

¿Quién sabe? Yo podría ser una candidata tan pronto como _____ (6. termine, terminara)

mis exámenes este semestre.

Vocabulario activo: Política

En cada grupo de palabras, subraya aquélla que no esté relacionada con el resto del vocabulario activo que aprendiste en **Hablemos de carreras... en política** del Capítulo 11. Luego explica brevemente por qué no está relacionada.

1. alcalde / congresista / senador / legislador / presidente

   _____

2. comunista / demócrata / capitalista / republicano / socialista

   _____

3. imperialista / socialista / nacionalista / fascista / congresista

   _____

4. elección / candidato / voto / votar / votante

   _____

5. teocracia / fascismo / dictadura / absolutismo / democracia

   _____

U. Carreras en política. Usa el vocabulario activo que aprendiste en **Hablemos de carreras... en política** del Capítulo 11 al indicar tus preferencias.

1. Yo estaría dispuesto a mudarme a un país con un gobierno o _____, o

   _____ o _____. Pero rehusaría mudarme a un país con un

   gobierno o _____, o _____ o _____.

2. Si tuviera que votar sin conocer a los candidatos del todo, estaría dispuesto a votar por los

   candidatos del partido _____ o _____. Lo más probable es que no

   votaría por los candidatos del partido _____ o _____.

3. Yo estaría dispuesto a seguir una carrera política en el puesto de _____ o

   _____. Definitivamente no me interesaría ser candidato para el puesto de

   _____ o _____.

4. En las elecciones en los Estados Unidos, los _____ generalmente van a

   _____ muy temprano. Luego se van a un lugar privado mientras los

   _____ depositan sus _____ y se anuncian los resultados de la

   _____.

Cyberjournal

Consulta con tu profesor(a) si prefiere que hagas este diario digital en forma de correo electrónico o en un foro de discusión.

Tema: Escríbele a tu profesor(a) y háblale de tus opiniones de la democracia. ¿Crees que debería ser el gobierno de todos los países del mundo? ¿Por qué sí o por qué no? ¿Qué es necesario, en tu opinión, para que la democracia dé buen resultado en un país? Termina tu nota despidiéndote hasta la próxima ocasión.

Capítulo 12
Argentina: La tierra prometida

¡Voces del mundo hispano!

A. Riqueza cultural: Distinguido escritor argentino. Ahora vas a conocer a uno de los más distinguidos escritores argentinos. Escucha con atención y luego marca si cada oración que sigue es cierta **(C)** o falsa **(F)**. Si es falsa, corrígela.

C F 1. Jorge Luis Borges nació en Ginebra, Suiza, pero se crió en Buenos Aires.

_____

C F 2. A los 20 años de edad, Jorge Luis Borges ya sabía inglés, francés y alemán además de español.

_____

C F 3. En sus cuentos cuestiona con ironía e inteligencia el concepto de la realidad.

_____

C F 4. En 1955 dejó de escribir debido a que una enfermedad lo dejó ciego.

_____

C F 5. Sus obras han sido traducidas a muchas lenguas extranjeras y son reconocidas entre las más importantes del siglo XX.

_____

Ahora vas a escuchar unas oraciones con expresiones del lunfardo. Escucha con cuidado y luego escríbelas, cambiando las expresiones del lunfardo a un español más general.

1. _____

2. _____

3. _____

Acentuación y ortografía

Palabras parecidas: *ay* y *hay*

Estas palabras de una sola sílaba son parecidas y se pronuncian de la misma manera, pero tienen distintos significados.

- La palabra **ay** es una exclamación que puede indicar sorpresa o dolor.

    ¡**Ay,** no me digas! ¿Se casaron?

    ¡**Ay**, ya no aguanto este dolor!

    ¡**Ay**! No lo puedo creer. ¿Le pegó un coche?

- La palabra **hay** es una forma impersonal del verbo **haber** que significa *there is* o *there are*.

    Hay café en la cocina pero no **hay** tazas.

    No **hay** nadie en la línea, pero **hay** un sonido medio raro.

    ¿**Hay** tiempo para hacerlo esta tarde?

C. Práctica con *ay* y *hay*. Escucha las siguientes oraciones. Indica con una **X** si lo que oyes es la exclamación **ay** o el verbo impersonal **hay**.

	ay	hay
1.	❏	❏
2.	❏	❏
3.	❏	❏
4.	❏	❏
5.	❏	❏
6.	❏	❏

D. ¡Esas formidables argentinas! Escucha estas oraciones y escribe **ay** o **hay**, según corresponda.

1. _____ un gran número de formidables mujeres en la historia de argentina.

2. ¡_____! La figura mítica de la inolvidable Evita Perón es la primera que se me

    ocurre.

3. Sí, pero también _____ grandes escritoras como la poeta Alfonsina Storni y la

    escritora y periodista Luisa Valenzuela.

4. También _____ grandes y poderosas mujeres que han luchado por el pueblo, como la cantante Mercedes Sosa.

5. ¡_____, qué mujer más impresionante! La escuché cantar en la Universidad de Stanford hace unos años y fue tan emocionante.

Pronunciación y ortografía

Deletreo con la *r* y la *rr*

La **r** tiene dos sonidos, uno simple **/r/** como en **cero, altura** y **prevalecer**, y otro múltiple **/r̃/** como en **cerro, guerra** y **renovado**.

El sonido simple /r/: Deletreo con la letra *r*

La **r** tiene el sonido **/r/** cuando ocurre entre vocales, antes de una vocal o después de una consonante excepto **l, n** o **s**.

anterior	autoridad	nitrato
periodismo	oriente	cruzar

El sonido múltiple /r̃/: Deletreo con las letras *r, rr*

La letra **r** tiene el sonido **/r̃/** cuando ocurre al principio de una palabra y cuando ocurre después de la **l, n** o **s**. La letra **rr** siempre tiene el sonido **/r̃/**.

residir	reloj	rostro
alrededor	enriquecer	desraizar
derrota	enterrado	terremoto

E. Deletreo con la *r* y la *rr*. Escucha las siguientes palabras y escribe las letras que faltan en cada una.

1. espe___anza

2. t___adición

3. desa___ollar

4. ___elaciona

5. encuent___a

6. ba___ios

7. f___ases

8. tie___a

9. acue___do

10. ___eal

11. te___ito___io

12. particula___

13. ___epente

14. sie___a

F. Deletreo de palabras parecidas. Dado que tanto la **r** como la **rr** ocurren entre vocales, existen varios pares de palabras parecidas, o sea idénticas excepto por una letra, por ejemplo **coro** y **corro**. Mientras el narrador lee las siguientes palabras parecidas, escribe las letras que faltan en cada una.

1. pe___o   pe___o

2. co___al   co___al

3. aho___a   aho___a

4. pa___a   pa___a

5. ce___o   ce___o

6. hie___o   hie___o

7. ca___o   ca___o

8. fo___o   fo___o

Dictado

G. Cecilia Roth. Escucha el siguiente dictado e intenta escribir lo más que puedas. Escucha una vez más para revisar tu párrafo.

_____

_____

_____

_____

_____

_____

_____

_____

_____

_____

_____

¡A comunicar! en el mundo hispano

Gramática: 12.1 Imperfecto de subjuntivo en las cláusulas principales

H. ¿Tendré el examen? Hoy tienes un examen muy importante y no has podido prepararte bien. Usando **ojalá**, imaginas cosas que podrían ocurrir pero que seguramente no ocurrirán. Sigue el modelo.

MODELO: la profe / no venir
Ojalá la profe no viniera.

1.   la profe / cancelar el examen

_____

2.   yo / poder dar el examen otro día

_____

3.   el examen / ser fácil

_____

4.   yo / acordarme de lo que se presentó en clase

_____

5.   yo / completar las preguntas más importantes

_____

6.   yo / saber la respuesta de todas las preguntas

_____

7.   yo / sacar una excelente nota

_____

I. Soñar no cuesta nada. En este momento estás haciendo la tarea para tu clase de matemáticas y, usando **ojalá**, dices lo que preferirías estar haciendo, aunque sabes que eso no ocurrirá. Puedes practicar con las formas del imperfecto de subjuntivo terminadas en **-se** o, si prefieres, las formas terminadas en **-ra** son igualmente apropiadas.

MODELO: yo / no necesitar estudiar
Ojalá yo no necesitase estudiar. o: Ojalá yo no necesitara estudiar.

1. yo / no estar en la universidad

   _____

2. todos mis cursos / ser fáciles

   _____

3. los profesores / no dar tarea

   _____

4. yo / poder aprobar mis cursos sin estudiar

   _____

5. yo / ser el jefe de una gran compañía y no un simple estudiante

   _____

6. yo / andar de vacaciones en Argentina

   _____

7. el profesor / decidir cancelar el examen

   _____

J. Favores durante la ausencia. Como el resto de la familia va a salir por diez días, la mamá le pide, de forma muy amable, los siguientes favores a su hijo mayor, quien vive cerca. Sigue el modelo.

MODELO: _____ (deber) recoger el periódico por la mañana.
Debieras recoger el periódico por la mañana.

1. _____ (deber) regar las plantas dos veces por semana.

2. _____ (deber) darles de comer a los gatos.

3. ¿_____ (poder) pasar la aspiradora un par de veces?

4. ¿_____ (poder) asegurarte de que ningún artefacto está prendido?

5. ¿_____ (querer) pasar algunas noches en casa?

6. _____ (deber) recoger la correspondencia cada día.

7. _____ (poder) mirar tu correo electrónico cada día en caso que yo te envíe

   mensajes?

Nombre_____ Fecha _____

Gramática: 12.2 Otros tiempos perfectos

K. El habla de los porteños. Usa la información dada para mencionar hechos acerca del lunfardo, el habla de muchos porteños. Sigue el modelo.

MODELO: Me sorprende que el lunfardo _____ (nacer) sólo a fines del siglo XIX.
Me sorprende que el lunfardo haya nacido sólo a fines del siglo XIX.

1. No es extraño que el lunfardo _____ _____ (desarrollarse) en la misma época que el tango.

2. Me asombra que el lunfardo _____ _____ (enriquecerse) con palabras de muchos idiomas diferentes.

3. Es fascinante que el lunfardo _____ _____ (tomar) su nombre de una palabra con que los ladrones se nombraban a sí mismos.

4. Es natural que el lunfardo _____ _____ (florecer) entre la gente joven.

5. Es normal que el lunfardo no _____ _____ (hacer) cambios en la gramática del español general.

L. Amantes del tango y de Carlos Gardel. Selecciona la forma del imperfecto de indicativo o del imperfecto de subjuntivo, según convenga, para completar lo que ha escrito Luisa sobre Carlos Gardel, el tango, su madre y su abuela.

Mi madre me habló de mi abuela materna. Me contó que la abuela

_____ (1. había conocido / hubiera conocido) personalmente

a Carlos Gardel, el famoso cantante de tangos. A mí me extrañó que la abuela

_____ (2. había conocido / hubiese conocido) a ese cantante, pero me agradó que

ella se _____ (3. había interesado / hubiera interesado) por la música de su tiempo.

Mi madre también me dijo que la abuela _____ (4. había visto / hubiese visto)

todas las películas de Gardel el día que se estrenaron. Yo dudé que mi abuela las

_____ (5. había visto / hubiese visto) todas el día del estreno porque algunas se filmaron en

EE.UU. Me comentó también que la abuela _____ (6. había escuchado / hubiera escuchado),

si no todos, al menos la mayoría de los tangos cantados por Gardel. A mí no me sorprendió

que ella _____ (7. había escuchado / hubiese escuchado) todas esas

canciones porque fue una fanática de los tangos. Mi madre se extrañó de que yo nunca

_____ (8. había aprendido / hubiera aprendido) a bailar tango; me explicó

que ella _____ (9. había sido / hubiera sido) campeona en concursos de

tango de su barrio porque le encantaba bailar. Me dio mucho gusto que mi madre me

_____ (10. había contado / hubiese contado) estos pequeños detalles de su vida y

especialmente de la vida de mi abuela.

M. ¿Cómo van los estudios? Cuando tus padres te preguntan por tus estudios, les aseguras que todo marcha bien; les dices lo que habrá ocurrido antes de que termine el año. Sigue el modelo.

MODELO: Antes de que termine el año, _____ (cumplir) los requisitos de mi subespecialidad.
Antes de que termine el año, habré cumplido los requisitos de mi subespecialidad

1. Antes de que termine el año, _____ _____ (aprobar) todos los

   cursos seguidos durante el año.

2. Antes de que termine el año, _____ _____ (acumular) cerca de

   cien créditos académicos.

3. Antes de que termine el año, no _____ _____ (finalizar) mi

   especialidad todavía.

Nombre_____ Fecha _____

4. Antes de que termine el año, _____ _____ (completar) los

requisitos generales de la universidad.

5. Antes de que termine el año, no _____ _____ (haberme) graduado

todavía.

N. Vacaciones malogradas. Tu amiga Elena te cuenta que la semana de vacaciones que pensaba pasar en Buenos Aires no se realizó. Te habla con tristeza de todo lo que podría haber hecho pero que no pudo hacer.

MODELO: _____ (asistir) a una ópera en el teatro Colón.
Habría asistido a una ópera en el teatro Colón.

1. _____ _____ (sentarme) en un banco en la Plaza de Mayo para

recordar a las madres de esa plaza.

2. _____ _____ (visitar) la tumba de Evita en el cementerio de La

Recoleta.

3. _____ _____ (recorrer) las calles empedradas del barrio San Telmo.

4. _____ _____ (ver) trabajar a los artesanos en el barrio de la Boca.

5. _____ _____ (descubrir) el rosedal de los Bosques de Palermo.

6. _____ _____ (hacer) un recorrido por la avenida 9 de Julio para

ver el Obelisco.

7. _____ _____ (ir) a ver las tiendas de lujo de la avenida Alvear.

8. _____ _____ (escribir) mensajes electrónicos a mis amigas

hablándoles de estas vacaciones.

Gramática: 12.3 Secuencia de tiempos

O. Futuro color de rosa. Selecciona el tiempo verbal de la cláusula subordinada que consideras más apropiado en esta narración acerca de cómo ve Samuel el futuro de Argentina, su país.

Creo que Argentina _____ (1. tiene, tenga) un gran porvenir. Aunque algunos dudan

que Argentina _____ (2. alcance, alcanzará) su potencial, yo no dudo que dentro de

poco _____ (3. sea, será) una de las grandes potencias del hemisferio. Sabemos que

en el pasado el país _____ (4. ha vivido, haya vivido) bajo dictaduras; pero dudamos

que eso _____ (5. volvería, vuelva) a ocurrir en el futuro. Es importante que se

_____ (6. respetan, respeten) los derechos humanos y estoy seguro de que esos

derechos no _____ (7. serán violados, sean violados). Argentina es un país en que

_____ (8. abundan, abunden) los recursos naturales y el gobierno es consciente del

gran potencial económico que estos recursos _____ (9. representasen, representan). Me

alegraré cuando _____ (10. veré, vea) cumplirse mis predicciones.

P. Lección de literatura. Selecciona el tiempo verbal apropiado para saber qué ocurrió en la clase de español de hace un par de días.

Ayer la profesora nos hizo preguntas acerca de Luisa Valenzuela. Era evidente que nadie

_____ (1. sabía, sabría) nada de esa autora argentina. Se sorprendió de

que nadie _____ (2. hubiera oído, oiga) hablar de esa autora. Dijo que le

preocupaba que los estudiantes _____ (3. leen, leyeran) tan poco. Nos

alentó a que todos nosotros nos _____ (4. informemos, informáramos)

más sobre la vida cultural de los países hispanos. Luego nos mencionó que esa autora se

_____ (5. preocupaba, preocupe) no sólo de escribir sino también de reflexionar

acerca del escribir. En seguida leímos la entrevista que _____ (6. aparecería, aparece)

en nuestro texto. A muchos no les gustó que _____ (7. hubiera, hay) muchas

palabras difíciles en el texto, pero después de algunas preguntas y respuestas era obvio que todos

_____ (8. entendieran, habían entendido) prácticamente todo el texto. Y todos estaban

contentos de que _____ (9. hubieran aprendido, hayan aprendido) nuevas ideas y nuevas

palabras.

Gramática: Variantes coloquiales

Q. Un pedido muy difícil. Tu amigo Andrés te pide que leas y corrijas lo que les ha escrito a sus padres acerca de unas deudas que tiene. Debes prestar especial atención a que sea lo más cortés posible al hacer su pedido y a cómo expresa sus deseos hipotéticos.

Quiero pedirles un favor muy especial. Ojalá yo esté en casa ahora mismo para poder hacerlo en

persona. Aunque no quiero tener que hacer este pedido, sinceramente no tengo otra opción. ¿Pueden

mandarme otros mil dólares este mes? Resulta que he gastado más de lo que debería y ahora tengo

deudas con varios amigos. Ojalá yo no sea tan irresponsable, pero el hecho es que tengo esas deudas y

mis amigos insisten en que las pague cuanto antes. Si pueden mandarme un cheque por FedEx este fin

de semana, se lo agradecería muchísimo. Ojalá yo sepa otra manera de conseguir el dinero pero no se me

ocurre nada. Lo único que puedo hacer es prometerles controlar mis gastos mucho más en el futuro.

R. Descubrimiento sorprendente. Tu amigo Lalo te pide que leas el párrafo que ha escrito sobre un descubrimiento científico y que prestes especial atención a los tiempos compuestos; debes hacer las correcciones que consideres apropiadas.

Debo confesar que yo nunca ha tenido inclinaciones científicas. Sin embargo, me extrañó que me había

fascinado el descubrimiento del hombre de ciencia argentino Fernando Minotti. Es extraordinario que

él haiga hecho un descubrimiento de esa magnitud. Estoy contento de que haiga sido un hispano el que

demostró la gran importancia de un hecho aparentemente insignificante.

S. Admiradora de Gustavo Santaolalla. Tu amiga Celia te pide que leas y corrijas lo que ha escrito acerca de su madre y de Gustavo Santaolalla. Debes prestar especial atención al uso de los tiempos verbales en las cláusulas subordinadas.

Mi madre es una admiradora de la música de Gustavo Santaolalla. Ella se siente orgullosa de que este

argentino ha triunfado en su país y en el extranjero. Me cuenta que ella bailaba al ritmo de la banda de

rock Arco Iris. Ella no sabía que Santaolalla sea un innovador en música; no se daba cuenta de que el

músico esté creando una fusión de la música norteamericana con la música popular latinoamericana.

Ella sólo se alegraba de que la música sea tan animada. Sintió mucho que Santaolalla se mudó a Los

Ángeles, pero entendió que nuestro país ya le había quedado chico. Era necesario que el músico estaría

en el centro de la industria musical y cinematográfica. Estos días, ella va a ver películas como *Babel*, cuya

música haya sido compuesta por este aplaudido argentino.

Vocabulario activo: Las ciencias físicas

T. Lógica. En cada grupo de palabras, subraya aquélla que no esté relacionada con el resto del vocabulario activo que aprendiste en **Hablemos de carreras... en ciencias físicas** del Capítulo 12. Luego explica brevemente por qué no está relacionada.

1. sequedad / negra / distilada / potable / dura

   _____

2. azufre / helio / estaño / magnesio / plomo

   _____

3. ión / electrón / átomo / proteína / carga

   _____

4. carbono / carbohidrato / vitaminas / grasas / enzimas

   _____

5. hidrógeno / radón / aragón / neón / mercurio

   _____

U. Carreras en las ciencias. Usa el vocabulario activo que aprendiste en **Hablemos de carreras... en ciencias físicas** del Capítulo 12 al indicar tus preferencias.

1. No estoy seguro(a), pero creo que los siguientes cinco minerales se encuentran en el oeste de los

   EE.UU.: _____, _____, _____,

   _____ y _____.

2. El aire es responsable por condiciones atmosféricas tales como _____,

   _____, _____, _____ y _____.

3. La química orgánica tiene que ver con productos como el _____, los

   _____ y los _____. En cambio, la bioquímica tiene que ver con los

   _____, las _____ y las _____.

4. Cuatro herramientas esenciales en un laboratorio de ciencias son el _____, el

   _____, el _____ y la _____.

Cyberjournal

Consulta con tu profesor(a) si prefiere que hagas este diario digital en forma de correo electrónico o en un foro de discusión.

Tema: Escríbele a tu profesor(a) y dile cómo crees que te ha ayudado este curso. ¿Qué es lo que más te ha ayudado? ¿Qué sugieres que se debiera enfatizar más? ¿Qué otras recomendaciones te gustaría hacer? Termina tu nota despidiéndote de tu profesor.

CPSIA information can be obtained
at www.ICGtesting.com
Printed in the USA
FFOW01n0733130717
37691FF